Daniel Schmidt

JUMP & FUN

Lazy & crazy Stunts auf dem Trampolin

VIELEN DANK!

Das Jump & Fun-Team bedankt sich herzlich bei den Springer*innen Maurice Maywald, Philip Keller, Fabian Singer, Antonia Quindel, Melissa Ostrowski, Inken Sickmöller & Annalena Quindel, die in diesem Buch zu sehen sind. Ihr seid klasse!

Ebenfalls großer Dank gilt Isabel Albrecht von JUMP House und dem JUMP House-Team, das es uns mit viel persönlicher Leidenschaft und Zeiteinsatz ermöglicht hat, in den Trampolinhallen zu shooten und zu drehen. JUMP House ist ein Vorreiter der Trampolinpark-Idee und treibt den großen Freizeittrend in Deutschland aktiv voran. Springen und Spaß für die ganze Familie, Freunde und Kollegen sind Programm – vom (Kinder-)Geburtstag bis zum spektakulären Erlebnis beim Betriebsausflug.

Wo der nächste Trampolinpark von JUMP House in deiner Nähe ist, findest du ab Seite 112.

INHALT

Die Sprünge

SPRING DICH GLÜCKLICH

Schwerelos sein – dich so leicht fühlen wie nie zuvor. Das Gefühl, wenn du einen Moment in der Luft schwebst, ist einfach unglaublich. Du kannst es immer wieder erleben – mit einem Trampolin. Schon mal probiert? Du wirst es lieben …, na ja, oder hassen. Find es heraus, es lohnt sich. Oder gehörst du schon zu denjenigen, die gerne springen? Im Garten steht vielleicht schon ein Trampolin, oder du warst in einem der großen Jump Houses?

Ob Starter oder als fortgeschrittener Springer, für beide gilt: Es ist sehr wichtig, dass du ein paar Regeln kennst, die Basics zu den Sprüngen, wann das Risiko zu groß ist, und vor allem, wie du am meisten Freude dabei hast und dich schneller, höher, besser und anspruchsvoller in die Höhe schraubst. Denn in diesem Buch geht es genau darum: um Spaß und die sicheren Grundlagen dafür, dass du dir nicht wehtust – was ja eher keinen Spaß macht. Da wir dir vertrauen und du bitte zuerst die Basic-Sprünge lernen solltest, haben wir sogar ein paar Saltos mitgebracht. Nimm das Buch mit zum Trampolin und schau vor jedem neuen Sprung genau nach.

Nur so nebenbei gefragt: Willst du auch ein Ninja Warrior werden?

Einer, der genau weiß, wie man die besten Luftsprünge macht, die Risiken im Griff hat und dabei sogar sportlich ziemlich erfolgreich sein kann, ist **Daniel Schmidt.** Daniel ist zudem Finalist bei Ninja Warrior Germany, der spannenden Parcours-Sendung auf RTL. Daniel hat die besten Sprünge und Stunts für Starter und Fortgeschrittene rausgesucht und verrät die besten Tricks für dich. Wenn du die Sprünge hier im Buch alle beherrschst und Lust hast, noch weiter und höher zu springen, solltest du dich bei ihm melden!

In diesem Buch findest du drei verschiedene Icons, die dir zeigen, was du auf dem Minitrampolin, auf dem Gartentrampolin und in der Jump Hall umsetzen kannst. Wenn du das Zeichen siehst, besuche den **JUMP & FUN** YouTube-Channel. Dort zeigt dir Maurice aus dem Team Daniel, wie der Stunt aussehen soll. Suche einfach nach der richtigen #Nummer. Die perfekte Ergänzung zu den Jump-Beschreibungen.

Battles, Games mit JUMP & FUN

Es gibt noch viel mehr, warum es sich für dich lohnt, dieses Buch zu lesen: Von Jürg Hösli, er ist Ernährungsdiagnostiker im Schweizer erpse Institut (nein, nein, das „p" ist kein Druckfehler) und sozusagen euer Anwalt, wenn es ums Naschen, Trinken und Essen zur richtigen Zeit geht. Zudem haben wir noch Spaß-Sprünge, Battles und Games auf dem Netz, was vor dem Sprung zu beachten ist und vieles mehr.

Liebe Eltern, das ist ein Buch für Kids, daher haben wir für Sie zwei ganze Seiten hinten im Buch reserviert. Diese sind neben ein paar wichtigen Infos zum Thema Springen als Einladung gedacht, denn Sie sollten mitlesen, mitmachen und mal mit der Familie ganz entspannt in die Luft gehen.

PS: Ein Trampolin ist immer eine Handy-freie Zone.
Nur so als kleine Motivationshilfe.

Jetzt geht's los.

SPRUNGHAFTER ERFOLG
MIT TALENT UND FLEISS

Sag mal, wie hat bei dir alles angefangen?

Daniel: Das Trampolinspringen wurde mir, wie man sagt, sprichwörtlich in die Wiege gelegt. Nachdem das Trampolinturnen in USA von George Nissen erfunden wurde, war mein Großvater einer der Ersten in Deutschland, der das Trampolinturnen angefangen hat. Er hat meinen Vater trainiert und mein Vater mich. Es fing spielerisch bereits mit vier Jahren an.

In der Halle durfte ich unter strenger Aufsicht meine ersten Sprünge versuchen, mit sechs ging es dann schon als Leistungssport los. Kleine Anekdote: Damals fragte mich mein Vater, ob ich regelmäßig und richtig trainieren möchte, da er ein gewisses Talent erkenne. Mit meinen erst sechs Jahren sagte ich zunächst, dass ich es mir mal überlege ... und ein paar Tage später fing dann die Karriere an.

Interview mit
Daniel Schmidt
Er ist 23-facher Deutscher Meister, Europameister, einer der erfolgreichsten Trampoliner in Deutschland und Autor von JUMP & FUN.

Das ist nun ein sehr früher Einstieg.

Daniel: Da müssen Eltern beim Besuch von Halls oder bei Gartentrampolinen tatsächlich aufpassen. Da sich Kinder ja noch in der Wachstumsphase befinden, der Knochenbau noch nicht fertig ist, wird die körperliche Belastung zu groß. Für die ganz Jungen empfehle ich zunächst den Besuch von Hüpfburgen, und wenn die Freude groß ist, zum Einstieg ein Minitrampolin mit gelenkschonenden Gummibändern sowie die Anmeldung beim Kinderturnen, um das Körpergefühl und die Koordination entwickeln zu können.

Da viele Kinder leider keine Rolle vorwärts und rückwärts draufhaben, brauchen sie oft grundlegend Unterstützung. Beispielsweise ein Minitrampolin braucht in der Wohnung nicht viel Platz, und die ganze Familie hat gesunden Spaß. Wenn Erwachsene ein paar überflüssige Pfunde loswerden wollen, ist Trampolinspringen sehr effektiv und nachhaltig. Wer kann, sollte sich ein gutes Gartentrampolin mit Sicherheitsnetz und drum herum ausreichend Matten zum Schutz leisten. Damit wird das Bewegungsgefühl noch besser geschult, allerdings fehlt für die Fortgeschrittenen und Next-Level-Sprünge meist die Technik.
Also nicht übermütig werden!

OKAY!

Springen wir mal ein paar Jahre weiter und nehmen an, die Leidenschaft für Luftsprünge hat einen als Lebensaufgabe gepackt. Wie wird man denn Deutscher Meister bzw Profi auf dem Trampolin?

Daniel: Ohne einen professionellen Trainer, der auch die Risiken kennt und jahrelange Erfahrung im Trampolinsport hat, wird's schwer. Denn als Hilfestellung kann der Trainer auch mal den Sportler mit einem Handtuch oder Seil festhalten und somit sichern. Zudem ist ein früher Einstieg ratsam, obwohl es auch schon Top-Leute gibt, die erst mit zehn Jahren das erste Mal auf dem Trampolintuch standen. Wenn die Mädels und Jungs von anderen Sportarten kommen, haben sie ein paar Vorteile, wobei der eine oder andere Profisportler aus anderen Bereichen auf dem Trampolin mangels Gleichgewichtsgefühl ziemlich abstürzt. Ein gewisses Talent ist neben Fleiß halt schon notwendig. Grundsätzlich ein Profi zu sein, von dem Sport zu leben und nachhaltig davon was zu haben, ist in Deutschland aber kaum möglich. Es gibt jedoch Länder, wo man ausgesorgt hat, wenn man zur Weltspitze gehört.

Daniel: Zunächst haben viele junge Menschen den Mut, neue Sprünge zu lernen. Wenn sie in der Lage sind, die Sprünge in diesem Buch mit ein paar Versuchen, Lust und Laune umsetzen zu können, sind die Grundvoraussetzungen vorhanden. Wenn es schwierig wird, in der Luft die Knie anzufassen oder sich zu drehen, wurde zu wenig geturnt oder zu viel genascht. Oft steigt damit auch das Verletzungsrisiko bei etwas schwierigeren Stunts. Aber auch das muss ja nicht so bleiben. Also rauf aufs Trampolin und üben.

Wo steht denn Deutschland im Wettkampf-Ranking der Trampolin-Nationen?

Daniel: Früher gehörten wir neben Russland zu den führenden Nationen. Seitdem die Sportart im Jahr 2000 olympisch wurde sind China, Japan, Russland und Weißrussland die stärksten Nationen. Außerdem entwickelt sich der Sport in der ganzen Welt weiter, sodass man in vielen Ländern Ausnahmetalente finden kann. Warum wir Deutsche nicht mehr zur Weltspitze gehören, liegt unter anderem daran, ob wir uns einen Platz bei den Olympischen Spielen erturnen und somit Fördergelder bekommen.

Ohne eine Förderung können die Wettkampfreisen und Trainingslager nicht bezahlt werden, und die Motivation sowie die Wertschätzung des Trainingsaufwandes geht verloren. Die Gefahr ist groß, dass wir unsere wenigen Spitzenathleten verlieren, wovon es in Deutschland eh nur eine Handvoll gibt. Zuletzt darf man nicht vergessen, dass auch ein neues Trampolin ca. 7.500 € kostet und jährlich erneuert werden sollte.

Wie leicht und wie groß sollte man sein?

Daniel: Wenn die Kinder schon jung sehr groß sind, kann es auch dann problematisch werden, weil sich die Hebelwirkung verändert. Bei Rotationen und Drehungen ist ein kleinerer, leichterer Mensch klar im Vorteil. Da müssen eher die Erwachsenen auf sich aufpassen.

Das Gewicht der Trampoliner-Weltelite liegt zwischen 58 und 75 Kilogramm. Ist man schwerer, wird alles etwas träge, und man kann beim Abgang auch schon mal den Boden berühren, weil das Trampolintuch dann so weit nachgibt. Ist man – ggf. mithilfe des Trampolins – etwas leichter unterwegs, sind bezüglich des Alters dann kaum Grenzen gesetzt.

So können sich dann auch von kleinen Kindern bis Opa und Oma alle gesund, fit und glücklich springen. Außerdem wird das Trampolin in der Krankengymnastik verwendet, da es – im richtigen Maße – so gelenkschonend wie das Schwimmen ist.

Was fehlt in Deutschland, um wieder ganz vorne mitmischen zu können?

Daniel: In Deutschland fehlt die mediale Unterstützung, sogar im Vergleich zu den Turnern. Wenn sich das ändert, kommt auch mehr finanzielle Unterstützung. Was mich jedoch unabhängig davon hoffnungsfroh macht: Die Halls sind voll mit jungen Menschen. Trampolin ist wieder ein Megatrend, sodass ich mir um Nachwuchs keine Sorgen mache. Natürlich wären dann Talentschulen und Trainer wichtig, die unsere Talente entdecken und auf ihrem Weg nach oben begleiten.

Was wird im Spitzenleistungsbereich denn bei internationalen Wettkämpfen gefordert?

Daniel: Eine Wettkampfübung besteht aus zehn verschiedenen Sprüngen. Da werden Kürübungen aus Dreifach- und Doppelsaltos gezeigt. Die Sprunghöhen liegen bei bis zu 9 Meter. Die Rückfederung des Trampolintuchs muss man bei diesen Höhen exakt beherrschen, Absprung, Flugphase und Endphase kontrollieren und die Energie in die gewünschte Richtung lenken können.

Du hast als Teilnehmer bei der Parkour-Sendung Ninja Warrior Germany auf RTL noch eine weitere Karriere gestartet und warst sogar Finalist. Wie ist das denn so hinter den Kulissen?

Daniel: Ich habe bereits bei einigen Shows mitgemacht, und das ist mit Abstand die coolste. Das ist einfach ein toller Sportwettkampf, und obwohl jeder gewinnen will, sind alle sehr nett zueinander und sogar gute Freunde. Man tauscht sich aus, wer noch coolere Moves entwickelt, Übungen mit dem maximalen Kick und Fun.

Nach oben gibt es im Prinzip kein Ende in der Entwicklung. Rein sportlich gesehen ist es fast ein wenig schade, dass natürlich für die Einschaltquote auch Influencer und Promis starten, die eher nur für den Spaß dabei sind und dann gute Sportler durch die begrenzte Teilnehmeranzahl buchstäblich in die Röhre schauen. Aber davon abgesehen gehören alle zu der großen Ninja-Familie.

Was sind deine sportlichen Ziele?

Daniel: Ich bin auf dem Doppel-Mini-Trampolin sehr erfolgreich und mittlerweile weniger auf dem großen Trampolin. Daher ist Olympia eher nicht in Sicht, und durch die Corona-Pandemie ist auch die Europameisterschaft dieses Jahr ausgefallen. Das ist natürlich bitter, denn ich habe gerade einen neuen deutschen Rekord geturnt und bin superfit, um die besten Fünf in Europa anzugreifen. Als Titelverteidiger im Doppel-Mini-Tramp wollte ich zudem meinen 24. Titel im Einzel und mit der Mannschaft den 25. Titel holen. Ich bin knapp 30 Jahre alt, mitten im Studium bei der Polizei und sehe trotz der Corona-Pause mit Blick auf die Deutsche Meisterschaft, die EM und meiner Qualifikation international für die World Camp optimistisch in die Zukunft. Ich werde noch mal angreifen! Gerne bringe ich dem Nachwuchs alles bei. Jump & Fun!

Es soll ja auch bald Sendungen für Kinder geben. Wie kommt man denn in die Sendung?

Daniel: Ninja Warrior Kids wird es 2020 das erste Mal geben. Ich bin gespannt, wie die sich schlagen und wohin das Ganze führt. Um in die Show zu kommen, gibt es einen Bewerbungsbogen. Wichtig ist es, sich so interessant und gut wie möglich zu präsentieren. Beim Casting findet ein Fitness-Test mit Ausdauer-, Balance-, Kraftübungen und Griffkraft an fünf verschiedenen Standorten in Deutschland statt. Dort werden von rund 10.000 Bewerber*innen vielleicht rund 5.000 gecastet, wovon 300 bis 400 eine Einladung in die Show bekommen. Da muss man schon knackig abliefern. In der ersten Show habe ich es unter die Top 6 geschafft. In der 5. Staffel bin ich auch dabei und freue mich, weil das auch dem Trampolinsport eine Bühne gibt und eben ganz viel Jump & Fun macht.

JUMP!

Alles, was du über Daniel Schmidt wissen musst

Er ist 29 Jahre alt und absolviert nach der Ausbildung 2011 bis 2013 nun das Aufsteigerstudium zum gehobenen Dienst bei der Polizei Hamburg. Über Sonderurlaubsregelungen kann Daniel an Wettkämpfen teilnehmen. Mit sechs Jahren hat er begonnen, als junger Leistungssportler zu springen. Seitdem wird er von seinem Vater Olaf Schmidt trainiert, der ebenfalls professionell Trampolin gesprungen ist.

Seit 2003 ist Daniel Mitglied der Nationalmannschaft im Deutschen Turner-Bund (DTB). Für seine nicht-olympische Top-Disziplin „Doppel-Mini-Trampolin" bekommt er kaum Unterstützung. Dennoch ist er mit über 20 Wettkampftiteln, darunter die Europameisterschaft Einzel und Mannschaft 2010, 23-facher Deutscher Meister und Teilnehmer an Weltmeisterschaften, ein sehr erfolgreicher Sportler. Durch zahlreiche Showauftritte und mehrfache Teilnahme bei Ninja Warrior Germany auf RTL ist Daniel Schmidt auch in den Medien sehr präsent.

HÜPFST DU NOCH,
ODER SPRINGST DU SCHON?

Was für ein Stunt-Typ bist du?

Bist du fit genug? Ist Sport für dich so ziemlich die letzte Disziplin, und du hast dagegen eine Menge Ausdauer beim Shoppen? Oder legst du viel Wert auf Muskeln, einen definierten Body und treibst sowieso viel Sport? Bist du eher mutig oder zurückhaltend? Eher der Spaßtyp oder gehst du nach Plan vor?

Du springst, wie du bist. Und deshalb solltest du dir überlegen, was du auf dem Trampolin erreichen möchtest. Funfaktor oder Flugass oder willst du sogar ein paar Pfunde verlieren ... du musst dich nicht entscheiden, alles ist möglich. Mit welchen (körperlichen) Voraussetzungen du auch immer anfängst, fange mit den Basics an und überschätze dich bitte nicht. Selbst wenn du ein Mini- oder Gartentrampolin zu Hause hast und darauf schon so manche Stunde verbringst, hat das erst einmal wenig mit den Sprüngen zu tun, die du in der Hall umsetzen kannst. Klar, dein Bewegungsgefühl ist mit Vorkenntnissen sicher besser, aber die Technik fehlt noch.

Am besten, du schreibst dir mal auf, was du willst, und gehst mit dem Buch in eine Jump Hall. Dann merkst du schnell, was dir Spaß macht und ob du nur ein wenig Freizeit mit deinen Freunden und/oder deiner Familie verbringen möchtest oder ob du bestimmte Level schaffen willst.

Um dir die Orientierung zu erleichtern, welche Sprünge Basic, also für Starter sind, welche für Fortgeschrittene und für das Next Level, haben wir diese mit Daniels Hilfe entsprechend gekennzeichnet. Nicht vergessen, der Weg ist das Ziel.

Und nach ein paar Stunden in der Jump Hall kannst du entscheiden, ob und welches Trampolin du dir für zu Hause wünschst. Selbst wenn du dir ein Profigerät leisten kannst oder es dir schenken lässt (by the way: kostet schnell mal ein paar Tausend Euro), ist die Hall nicht zu ersetzen.

Der Vorteil: Dort sind Coaches und Springer, die sich auskennen und dir gerne helfen.

Wie alt solltest du sein?

Kids unter drei Jahren haben auf dem Netz und in Hüpfburgen nichts zu suchen, auch wenn's schwerfällt, Nein zu sagen. Das ist echt unlustig, also deine ganz jungen Geschwister lieber zu Hause lassen. Auch eine klare Regel: Kinder unter sechs Jahren sollten niemals unbeaufsichtigt springen. Wenn Erwachsene mit auf dem Netz sind, dann um zu helfen und die Hand zu reichen. Die Gewichtsunterschiede sind zu groß, um gemeinsam Stunts zu üben.

PUH! ÜBER 6!

Ab sechs Jahren sind im Grunde keine Grenzen gesetzt. Deine Körpergröße ist nur dann entscheidend, wenn du mit entsprechender Vorsicht zusammen mit anderen springst – beispielsweise bei den Battles & Games. Auch hier bitte dran denken: Große Gewichtsunterschiede haben auf dem Trampolin eine Art Katapultwirkung. Wir weisen dich darauf mehrfach in diesem Buch hin.

Gesund springen

Du fühlst dich oder bist krank, dann auf keinen Fall trainieren. Wenn es dauerhaft Probleme gibt, jede Treppe ein Hindernis mit Schnappatmung ist, bitte zum Arzt gehen. In der Regel ist das Trampolin aber ein guter Weg, um deine Gesundheit zu verbessern. Das ist übrigens auch so, um dich rundum wohlzufühlen. Wir alle haben Stress. Im Kindergarten, der Kita, in der Schule, im Job. Zu viel Stress verhindert, dass du Spaß hast, und gilt sogar als Krankheit. Ein paar Minuten auf dem Netz, und du wirst dich wundern, wie beruhigend das auf dich, deine Birne und den ganzen Körper wirkt.

Glaubst du nicht? Probier's aus.
Ein Minitrampolin reicht aus, und du kannst dich sozusagen leicht in eine Art Trance wippen. Dann noch die richtige Musik dazu, und schon fühlst du dich frei. Vergiss dabei nicht, dass du in dieser Situation keine großen Sprünge wagen solltest, für die eher deine volle Konzentration gefragt ist. Das Gartentrampolin und die Netze im Gym sind auch bestens geeignet, die Birne freizubekommen. Dennoch solltest du dich immer konzentrieren. Alles andere führt zu Schmerzen. Muss doch nicht sein.

BAD IDEA!

Vorher zu Macca's, oder 'ne Flasche Wasser auf ex?

Ganz klar, wenn du mehr oder weniger Sport auf dem Trampolin treibst, brauchst du Energie. Kurz vor dem Jump etwas zu essen, geht mit ziemlicher Sicherheit in die Hose, oder vielmehr aufs Trampolin. Eine Stunde davor solltest du nichts mehr essen und wenig trinken.

Denk bitte auch dran, dass dein Darm sozusagen mithüpft. Bedeutet: Der Weg aufs Tö (Neudeutsch WC, Toilette, Klo) ist daher programmiert. Was du zu dem Thema beachten solltest, warum und wann Naschen absolut erlaubt ist und vieles mehr erfährst du im Interview mit Jürg Hösli, Gründer des erpse Instituts (Seite 18).

STYLOMAT FÜR JUMPER

Auf dem Trampolin spielt Mode-Stylomat keine große Rolle, aber man will in der Luft und am Boden ja dennoch gut aussehen. Verständlich. Und Jungs, gebt's zu, ihr auch. Bevor ihr eure Sportklamotten nach Stylefaktor aussucht, solltet ihr einiges beachten. Eine eigene Sportkollektion für Jumper und Rebound-Fans gibt es im Gegensatz zu vielen anderen Sportarten nicht. Aber du kannst dir das Beste zusammenstellen.
Ein Tipp: Hauptsache bequem, sonst gibt's zwar Jump, aber keinen Fun.

Kein mega Schlabbershirt, darin verhakst du dich. Enger ist Trumpf, und am besten ein Shirt, in dem du nicht so schnell auskühlst, wenn du schwitzt oder Pausen machst.

Gleiches gilt für die ultracoole Jogginghose vom Label XY. Lass sie weg. Für Mädels passt die Sportleggings (da muss natürlich eine neue her, denn ihr habt ja nix zum Anziehen), für Jungs die Sporthose. Je länger sie ist, desto mehr schützt sie vor kleineren Schürfwunden.

Die ABS-Socken sind auf dem Netz unerlässlich. Zieh sie unbedingt barfuß an, so hast du das beste Gefühl und den besten Halt. In den Halls kannst du in der Regel ohne Schuhe rumlaufen. Dort bekommst du die richtigen Socken.

Mädels mit längeren Haaren sollten sich einen Zopf binden, denn es nervt, wenn du die Teile permanent im Gesicht oder im Mund kleben hast.

Nimm ein Handtuch mit!

Um deine Wertsachen und den Rest in den Jump Halls sicher einschließen zu können, vergiss nicht, ein Schließfach zu nutzen. Bei manchen bekommst du ein Armband mit einem Magneten. Ganz wichtig: Merk dir die Nummer deines Schließfachs, sonst suchst du die Nadel im Heuhaufen, wenn du die Zahl vergisst.

DIE BESTEN TIPPS UND ÜBUNGEN
VOR DEM SPRUNG

Je besser du dich aufwärmst, desto mehr Spaß hast du auf dem Netz, und das Risiko, dir wehzutun, sinkt deutlich. Seilspringen ist da genauso geeignet wie auf der Stelle hüpfen – beides zunächst auf festem Boden, ist klar, oder? So trainierst du die Sprunggelenke, dein Rhythmusgefühl und die Koordination, die beim Trampolinspringen sehr wichtig sind.

Du kannst zu Hause auch einfach ein Kissen nehmen und versuchen, dort mit einem Bein das Gleichgewicht zu halten. Diese Übung bitte nicht mehr auf dem Netz versuchen, denn dort sollst du immer auf beiden Füßen landen. Dann aus dem Stand versuchen, so hoch wie möglich zu springen und sicher zu landen. Deine Füße sind dabei in etwa schulterweit auseinander und leicht nach außen gestellt.

Im zweiten Schritt vom Boden auf das Kissen springen und versuchen, das Gleichgewicht zu halten. Das macht auch eine Menge Spaß und bringt viel. Oder du hast ein gespanntes Seil und springst aus dem Stand heraus da rüber, um die Sprungkraft zu stärken. Das Seil erst ganz niedrig spannen, dann immer ein wenig höher, wenn du besser wirst.

SCHLAFFI?

Oder Sport-Muffel? Keine Ausreden!

Wenn du Sport nicht sooooo geil findest, wirst du eher nicht auf dem Trampolin rumspringen. Also gehen wir mal davon aus, dass du dich halbwegs gerne bewegst oder bewegen willst.

Als Bewegungstraining eignet sich auch die Rolle vorwärts und rückwärts. Easy? Viele können das gar nicht mehr. Du schon? Spielkonsole und Handy weglegen und los geht's.

EASY!

Eine gewisse Grundfitness wäre schon gut. Ein Schlaffi wird neben und auf dem Netz nicht glücklich und hat ein erhöhtes Verletzungsrisiko. Du bist sportlich, nice, wenn eher nicht so, kannst du es mit dem Trampolin werden. Um zu klären, welche Fitness-Übungen für dich geeignet sind, fragst du am besten deine Eltern und (d)einen Trainer.

Philip

Antonia

Melissa

Maurice

Fabian

Inken

Annalena

LOSNASCHEN, GENIESSEN
UND RAUF AUFS TRAMPOLIN

Erklär doch mal, was ein Ernährungsdiagnostiker macht …

Jürg Hösli: Ein Ernährungsdiagnostiker analysiert, was ein Mensch idealerweise essen sollte, damit es gut für seinen Körper ist, er sich wohl und fit fühlt. Wir können in meinem erpse Institut anhand wissenschaftlicher Methoden messen, wie gut oder schlecht es dem Menschen geht, der zu uns kommt. Dann bekommt er von uns einen Ernährungs- und Bewegungsplan, der Spaß macht und nur für ihn erstellt wurde. Das ist wichtig, denn jeder Körper braucht etwas anderes, und wer sich an unsere Vorschläge hält, dem geht es in der Regel besser, und er ist fitter als vorher. Deshalb betreuen wir auch viele Profisportler, die sich mit uns zum Beispiel auf den Wettkampf vorbereiten. Da sind auch viele Nachwuchstalente dabei.

Stimmt es, dass Schokolade und Süßigkeiten durchaus erlaubt sind, wenn man sie zum richtigen Zeitpunkt genießt?

Jürg: Na ja, Vorsicht, man macht sich ja zunächst schon angreifbar, wenn man sagt, dass Naschen erlaubt und förderlich sei. Es ist ein zweischneidiges Schwert, denn unter anderem wird der Zahnschmelz angegriffen, und die Zahl der zu dicken Kinder nimmt aufgrund mangelnder Bewegung und falscher Ernährung nicht ab.

Teile mit uns dein süßes Geheimnis …

Jürg: Na gut. Es gibt tatsächlich einige Ausnahmen, bei denen die Energiezufuhr über Zucker gut ist: vor und während des Sports. Wichtig ist es, die Menge der sportlichen Leistung anzupassen. Der Vergleichen mit einem Auto ist da ganz anschaulich. Mit einem leeren Tank vor und während der Reise wird es ein kurzer Ausflug.

Auch Kohlenhydrate sind sehr wichtig, sie sind sozusagen die Tankstelle für Konzentration. Und wir haben gleich zwei Tankstellen im Körper: die Leber und der Muskel. Die Leber ist nach 45 Minuten Sport leer, und es kommt zu einer Unterversorgung, das Risiko für Unfälle steigt. Also liebe Eltern und Kinder, passt auf, dass ihr nicht auch mit leerem Tank Sport treibt.

Was empfiehlst du generell vor einem Training bzw. sportlichen Spielen wie auf dem Trampolin oder dem Besuch einer Jump Hall?

Jürg: Man kann den Tank im übertragenen Sinne durchaus mit einem Sportriegel und einem säurefreien Sportgetränk füllen. Was das Essen angeht: Grundsätzlich sollte spätestens eine Stunde vorher etwas Leichtes mit Kohlenhydraten und Eiweiß gegessen werden. Dann ist die Verdauung recht gut abgeschlossen, wenn der Körper Leistung bringen soll. Liebe Mädels und Jungs, kurz vor dem Springen ein paar Pommes, oder nen Burger ist eine ganz schlechte Idee, die sich bestenfalls nur in Übelkeit auswirkt. Das ist ja auch irgendwie logisch, da der Magen ja auch mithüpft.

Was soll denn nun auf den Teller, um genug Power auf dem Sprungtuch zu haben?

Jürg: Alles, was Power liefert. Um diese Frage konkret zu beantworten, müssen wir eine kleine Rechnung starten. Denn wir stellen im erpse Institut, in dem wir ja den ganz normalen Menschen mit und ohne Beeinträchtigungen, Hobbysportler bis zum Olympiateilnehmer*in betreuen, leider immer wieder fest, dass Eltern ihre Kinder nicht ganz richtig ernähren oder den Kalorienbedarf ihrer Kinder in sportlichen Familien deutlich unterschätzen.

Interview
mit Jürg Hösli
Er ist Gründer und Leiter des Schweizer erpse Instituts für Präventiv-, Sporternährung und Ernährungsdiagnostik.

JÜRG

MIT SASCHA

Zu dicke junge Menschen ist nicht neu, eine Art Unterernährung bei – sagen wir – Nachwuchssportler*innen aber schon. Und du wolltest uns ja etwas vorrechnen.

Jürg: Das Ganze ist ein wichtiges, für Kinder zunächst langweiliges, aber folgenschweres und komplexes Thema, das uns in unserer täglichen Arbeit auf Basis wissenschaftlicher Messungen immer wieder beschäftigt: die Ernährungssteuerung im Nachwuchssport.

Mal ins Gym für Jump & Fun ist natürlich nicht die Herausforderung, wenn Kinder zu trainieren anfangen, schon. Dabei ist die Rechnung ganz einfach: Der Durchschnittsbedarf eines Nachwuchssportlers bzw. eines Kindes mit viel Spaß an Bewegung liegt schnell bei bis zu 2000/2500 Kilokalorien pro Tag. Kommt dann an einem Tag noch 1,5 bis 2 Stunden Trampolintraining oder eine andere Sportart hinzu, erhöht sich der Bedarf nochmals. In Summe ergibt sich ein Tagesbedarf von vergleichsweise fünf bis sechs Vollmahlzeiten!

Und wenn man so viel gar nicht essen kann?

Jürg: Na ja, wird der Bedarf nicht abgedeckt, ist der junge Mensch stressanfälliger, hat weniger Energie und schläft schlechter. Auch das Risiko für Verletzungen steigt, da die Konzentrationsfähigkeit abnimmt und der Muskel sauer wird. Das macht sich zum Beispiel auf dem Trampolin und in der Schule negativ bemerkbar.

Jürg Hösli und das erpse Institut
Jürg ist seit rund 30 Jahren im Leistungssport erfolgreich – als Athlet, Trainer und Ernährungswissenschaftler. Er ist Gründer der Ernährungsdiagnostik, Gründer und Geschäftsführer des erpse Instituts und hat Olympiasieger, Weltmeister sowie viele Menschen mit zum Teil schweren Erkrankungen begleitet.
www.erpse-institut.com

Was sind die größten Fehler?

Jürg: Wenn wir immer wieder hören, dass Sportgetränke oder sogar Bananen in den Schulpausen verboten werden, schrillen bei uns alle Alarmglocken. Immer vorausgesetzt, wir sprechen von bewegungsintensiven Kindern. Wie um alles in der Welt wollen diese jungen Menschen ihren Kalorienbedarf decken, wenn sie – zum Training – nur Wasser trinken und nicht mal mehr eine Banane essen dürfen?

Junge Sportler*innen brauchen eine bedarfsgerechte Ernährung, die sie über den Tag mit genügend Nährstoffen versorgt. Ein beispielsweise 12- bis 13-jähriges Kind muss im Alltag dann eben deutlich mehr essen als die Mutter. Figurbewusste Eltern essen jedoch nach Schema und nicht nach Körpergefühl. Und ja, das ist dann in der Praxis mein sicher nicht unumstrittener Einsatz für den – bitte immer in angemessener Menge und mit Zähneputzen verbundenen – Schokoriegel. Also losnaschen, genießen und rauf aufs Trampolin!

MAMPF

NICE

SO WIRST DU – MIT SICHERHEIT – KEINE LUFTNUMMER!

Vorbereitung

Vor allem, wenn du auf dem Minitrampolin oder dem Gartentrampolin springst, musst du es davor überprüfen. Am Anfang am besten mit einem Erwachsenen. Wir gehen davon aus, dass das Gerät keine Schäden aufweist. Wenn doch, auf keinen Fall losspringen.

Das Sicherheitsnetz deines Gartentrampolins muss geschlossen und die Federpolsterung in Ordnung sein. In den Hallen liegen oft Matten herum, die im Garten oder in der Wohnung eher nicht im Einsatz sind.

Aufwärmen ist Pflicht ... jaaaaaa, auch für dich!

Wenn du schon auf dem Tuch sicher bist, kannst du dich auch mit ein paar ersten Strecksprüngen warm machen. Dafür anfangs leicht wippen, dann immer höher springen, die Arme und Hände immer vor dem Körper und angewinkelt zuerst knapp über Augenhöhe, dann nach den ersten guten Versuchen gestreckt hochziehen und immer neben dem Körper herunternehmen (siehe auch Strecksprung auf Seite 46).

Du wirst schnell merken, dass die Arme für die Stabilität in der Luft eine wesentliche Rolle spielen. Und – ganz wichtig, kennst du schon – immer auf beiden Füßen landen. Schau aufs Tuch und nicht in die Luft. Nur dann hast du die Möglichkeit, den Sprung richtig zu koordinieren.

Wenn zu Hause ein kleines Trampolin steht, gelten besondere Sicherheitsmaßnahmen. Nur die Basics üben, die mit dem Icon gekennzeichnet sind. Alle anderen Sprünge auf dem Mini- oder Gartentrampolin sind einfach nur leichtsinnig.

YEAH!!!

Du bist ein Starter auf dem Netz? Wir schreiben es ausnahmsweise in ganz deutlichen Worten: Ob sportlich oder ein Bewegungsmuffel: Vor allem als Starter hast du allein, ohne dich aufgewärmt zu haben und ohne dich ausschließlich auf die Sprünge zu konzentrieren, auf dem Netz nichts zu suchen.

Lass dir von einem Erwachsenen helfen, das gilt auch und vor allem im Urlaub, wenn du springen willst. Deine Sprunggelenke sind zumindest am Anfang sehr anfällig für Verletzungen, mit dem zunehmenden Schwierigkeitsgrad der Übungen musst du auch auf den Kopf, Rücken, Arme und Beine achten. Du sollst Spaß haben, keine Frage, aber nur Idioten geben gleich Vollgas. Die ersten Sprünge sind auch ziemlich schnell gelernt, und dann kannst du die Basics auch allein üben.

Im Gym suchst du dir ein eigenes Areal aus, auf dem Gartentrampolin solltest du auf jeden Fall erst einmal einzeln springen, und wenn ihr mehrere seid, nacheinander. Die Gefahr, dass ihr euch gegenseitig hochfedert und nicht mehr gut aufkommt, ist groß. Nicht nur für Starter. Das passiert vor allem dann, wenn du mit anderen springst, die schwerer sind als du. **Also gut aufpassen.**

Sind mehrere Kinder auf dem Netz, achte darauf, dass sie in etwa gleich alt und schwer sind. Sonst landest du durch den Katapulteffekt ganz woanders als geplant. Das kann schnell schiefgehen. Es gibt auch die Verrückten, auf die vielleicht gerade keiner aufpasst.

CHECK!

Warte lieber, bis du genug Platz hast, um deine ersten Sprünge zu üben. Das sollten mindestens zwei Meter oder drei Armlängen in allen Richtungen sein. Wie? Du hast kurze Arme? Dann lieber vier ;).

?

BOOM!

Mach mal Pause

Wenn du in der Jump Hall einfach so eine Stunde gesprungen bist, weißt du am nächsten Tag, dass du mehr Muskeln hast, als du glaubst. Selbst bei trainierten Erwachsenen werden andere Muskelgruppen angesprochen, was danach erst mal zu spüren ist. Das bedeutet: Langsam anfangen, am Anfang reicht eine Minute, wenn du nicht zu den Fitness-Pros gehörst. Die können auch gleich ein paar Minuten drauflegen.

Auf dem Minitrampolin lieber öfter kurze Sessions, auf dem Gartentrampolin und in der Hall ist es superwichtig, viele Pausen einzulegen und anfangs pro Tag nicht länger als 30 Minuten Sprungzeit einzuplanen. Je mehr Kondition du hast oder bekommst, desto länger kannst du auch auf dem Tuch bleiben.

UFF!

Wenn dein Puls bis zum Hals schlägt, dir schlecht oder schwindelig wird, hast du es übertrieben.

Ebenso solltest du zwischen den Trampolin-Sessions jeweils einen Tag ruhen, damit dein Körper regenerieren kann. Das ist auch für Jungs wichtig, die gerne Muskeln aufbauen wollen: ohne Regeneration keine Muskeln. Lies dazu am besten das Interview mit Jürg Hösli ab Seite 18 durch.

Grundhaltung auf dem Trampolin

Füße

Wenn du auf den Füßen landest, immer mit beiden gleichzeitig, und hüftbreit auseinander. Bei Landungen auf einem Bein knickst du sehr schnell um. Autsch!

Haltung

Die richtige Haltung wird auch von deinen Füßen bestimmt. Stell dich gerade hin und verteile das Körpergewicht gleichmäßig. Wenn du das im Alltag nicht gewohnt bist, fühlt sich das erst ein wenig komisch an. Du gewöhnst dich jedoch schnell daran. Wenn du dann noch den Bauch leicht einziehst, vermeidest du ein Hohlkreuz. Nun noch die Schultern zurück und das Kinn anheben, bis du geradeaus schaust. Schwierig? Jetzt merkst du, wie krumm du oft auf dem Stuhl sitzt, läufst oder stehst.

Arme und Hände

Nur beim Sitz- und Bauchsprung, ansonsten immer auf den beiden Füßen landen: Hände bei der Landung stets unter den Körper und ihn vorsichtig stützen, Ellenbogen nach außen, die Hände unter dem Gesicht, falls du die Spannung nicht halten kannst und deinen Kopf schützen musst.

Atmung

Je kontrollierter du atmest, desto besser ist deine Leistungsfähigkeit. Nicht nur auf dem Trampolin. Wenn du einatmest, kommt Sauerstoff in deinen Körper und mit ihm mehr Energie. Ohne ausreichend Sauerstoff werden deine Muskeln schnell sauer. Nein, sie haben keine schlechte Laune, es fehlt an Sauerstoff, sie fangen an zu schmerzen, die Fettverbrennung setzt aus. Wenn du im Garten springst, hast du Sauerstoff genug, um ihn tief einzuatmen. Mief zu Hause? Dann solltest du mal durchlüften, bevor du aufs Sprungtuch gehst.

Erst die Basis, dann der Salto

Nimm für Saltos und Jumps ab der Kategorie Forgeschritten, Next Level sowie für die Saltos anfangs unbedingt einen Erwachsenen, am besten einen erfahrenen Trampolinspringer mit aufs Sprungtuch, der dich stützen und die Hand reichen kann. Einige Bewegungsabläufe lassen sich auch auf der Weichmatte üben. Das ist nicht uncool, vielmehr lernst du so viel schneller, das Risiko einzuschätzen und die Sprungabfolge zu beherrschen. Vor allem Saltos sind nicht ohne Risiko für Kopf und Wirbelsäule.

Wenn du die Basissprünge draufhast, zeige sie in der Hall einem der Team-Mitglieder, die sicher auch in deiner Nähe stehen und aufpassen, dass alle Freude haben. Sie kennen sich gut aus oder helfen dir dabei, jemanden zu finden, der dir grünes Licht geben kann. Vielleicht hast du ja sogar Lust, in einem Verein oder einer organisierten Gruppe zum Pro zu werden.

TIPP TOPP

BAD BOYS & GIRLS
AUF DEM SPRUNGTUCH?

**Ein paar Regeln. Hey, die sind wichtig.
In deinem eigenen Interesse und zu deiner Sicherheit.**

Das hast du jetzt schon mehrmals gelesen. Und noch mal: Am Anfang deiner Jumper-Karriere und bei kleinen Kindern muss ein Erwachsener dabei sein. Er hilft dir, Balance zu halten und Fehler auszugleichen, die jeder zu Beginn macht. Sei clever, dann bist du besser!

Eine gute Portion Respekt ist immer ein guter Begleiter.
(Das ist übrigens ein guter Rat für alles in deinem Leben, auch wenn das jetzt typisch nach Mama und Papa klingt. Sie haben recht, unglaublich, oder?)

Straßen- und Turnschuhe haben auf dem Trampolin nichts zu suchen. Barfuß ist auch zu rutschig und auf dem Gartentrampolin nur bei feinmaschigen Netzen halbwegs okay. Ideal sind Anti-Rutsch-Socken. In den Halls sind sowieso nur geeignete Socken erlaubt, die du dort mit der Eintrittskarte bekommst und mitnehmen darfst oder paarweise kaufen kannst.

Gürtel, Caps, Schmuck und alles, was an dir rumschlabbert, musst du in deinem eigenen Interesse ablegen, damit du Spaß und keine Schmerzen hast. Das gilt auch für die Brille, wenn du ohne ausreichend siehst. Wenn nicht, lieber Kontaktlinsen einsetzen.

Damit dein Handy nicht in die Luft geht und bestenfalls nur das Display kaputtgeht: lass es einfach in der Umkleide oder zu Hause.

Hosentaschen leeren, Kaugummi und Bonbons aus dem Mund. Wer will gerne auf dem Netz festkleben?

Wenn du eine körperliche Beeinträchtigung hast, sprich vorher mit dem Arzt.

Kein Alkohol oder Drogen – dürfte klar sein

In den Jump Halls springst du auf eigene Gefahr, daher solltest du die Regeln unbedingt beachten.

Socken barfuß anziehen

Sprünge immer in der Mitte des Trampolins

Fang langsam an und nimm dir nicht zu viel vor.

Abdeckungen sind nicht zum Ausruhen gedacht, bitte an den Rand gehen.

Nicht auf den Abdeckungen landen, das kann wehtun.

Außer beim Sitz- und Bauchsprung immer auf beiden Füßen landen.

Bis auf Ausnahmen nur eine Person pro Trampolin/ Sprungtuch! Der Katapulteffekt ist zu groß. Möglichst nur in der Nähe von anderen springen, die in etwa so groß und schwer sind wie du ...

Nicht rennen, eine Jump Hall ist kein Run House.

Schaumstoffgrube/Airbag:
Nicht Kopf voraus, nur einfache Vorwärtssaltos, keine Rückwärtssaltos.

Doppelsaltos
und mehr
sind in Gyms
oft nicht erlaubt.

Du bist müde
oder außer Atem, dann
lege eine
Pause ein –
außerhalb des
Trampolins.

Das Maximalgewicht für Menschen auf vielen
Mini- und Gartentrampolins liegt bei 110 kg.
Denk dran, wenn du vielleicht doch mit anderen
draufstehst, oder schau in der Bedienungs-
anleitung nach.

**Einfach so andere Menschen filmen und fotografieren ist
ein No-Go! Das git für alle, die auf dem Bild sind.**
Also immer erst höflich fragen!!!

Wenn doch ausnahmsweise einmal etwas
passiert, sofort dem Personal in den Jump
Halls oder den Eltern Bescheid geben.

Nimm Rücksicht.
Zum Beispiel keine
Speisen mit aufs
Trampolin bringen.

DAMIT ES NICHT DOCH EINMAL WEHTUT ...

Autsch, Spaß birgt oft auch Risiken. Auf die Zunge beißen, auf dem Tuch schürfen, Platzwunden, Gehirnerschütterungen, Verletzung der Nase, der Wirbelsäule und Beinbrüche gehören zu den häufigsten Verletzungen beim Trampolinspringen. Das passiert immer dann, wenn du nicht aufgepasst hast oder zu leichtsinnig warst. Deshalb wirst du immer wieder lesen, wie superwichtig es ist, dass du kontrolliert und bewusst auf beiden Füßen landest, auf dem Po mit Unterstützung der Arme, auf dem Bauch oder dem Rücken.

Daher aufpassen und gut lesen. Wenn du die wichtigen Regeln beachtest, die Sache langsam steigerst und nicht die Heldin oder den Helden spielst, hast du ohne Schmerzen – einen gepflegten Muskelkater am Anfang ausgenommen – eine Menge Fun.

KANNST DU TRAMPOLINISCH?

Das Trampolin-Cba

Du musst nicht über deinen Schatten springen, um ein paar Begriffe zu lernen. Ganz ohne Hirnschmalz klappt es mit den gekonnten Luftsprüngen aber leider doch nicht. Nun gut, für den Anfang reicht es, das Abc zu können. Na ja, eigentlich ja in der Reihenfolge c, b und a.

c steht für die gehockte Position,
b für gebückt und
a für gestreckt (das ist meist die schwierigste Übung).

P, M und W – Was sich hinter den Bezeichnungen der Pflichtübungen des Deutschen Turner-Bunds (DTB) verbirgt, liest du auf den folgenden Seiten, und jetzt haben wir dir die wichtigsten Sprünge aufgelistet.

Natürlich gibt es auch noch mehr ...

BOOM

B Babyfliffis – 5/4 Salto vorwärts mit 1/2 Schraube aus dem Rücken
Barani – Salto vorwärts mit 1/2 Schraube
Bauchsprung – 1/4 Salto. Von den Füßen auf den Bauch
Bücksprung – Beine geschlossen mit gestreckten Knien vor den Körper
bringen, Finger berühren Zehenspitzen
Bombe (Paketsalto) – in den Sitz fallen lassen und dann rückwärts fallen
lassen bis auf die Füße

C Cat Twist (Katzenrolle) – vom Rücken ganze Schraube in Rücken
Cody – 5/4 Salto rückwärts aus dem Bauch zum Stand

D Doppelschraube – Salto rückwärts mit doppelter Schraube

F Fliffis – Doppelsalto vorwärts mit 1/2 Schraube im zweiten Salto

G Grätsche – hochspringen, Beine spreizen und wieder mit geschlossenen
Füßen landen

H 1/2 Stand – halbe Schraube vom Sitz auf die Füße
1/2 Schraube – 180-Grad-Drehung / 1/2 Schraube
1/2 Sitz – halbe Schraube von Füßen zum Sitz
Halb-Ein-Halb-Aus – Doppelsalto rückwärts mit 1/2 Schraube im ersten
und 1/2 Schraube im zweiten Salto
Hocksprung – hochspringen und Beine zusammen vor dem Körper
anziehen (mindestens 90 Grad)

M Miller – Doppelsalto rückwärts mit dreifacher Schraube (ursprünglich
2-1/2-Ein-Barani-Aus, heute meist Voll-Ein-Doppel-Aus, benannt nach
Wayne Miller
Miller Plus (Killer) – Doppelsalto rückwärts mit vierfacher Schraube
Muffel – 3/4 Salto rückwärts aus dem Rücken zum Stand bzw. aus dem
Rücken Salto rückwärts zum Rücken

Q Quattris – Vierfachsalto vorwärts gebückt mit halber Schraube im letzten
Salto. Ein Quatriffis b ist die bisher höchste je in einem Wettkampf
gesprungene Schwierigkeit

R Randolf (Randi) – Salto vorwärts mit 2 1/2 Schrauben
Rudolph (Rudi) – Salto vorwärts mit 1 1/2 Schrauben
Rückensprung – 1/4 Salto. Von Füßen auf den Rücken

S Salto
Schraubensalto (Schraube) – Salto rückwärts mit ganzer Schraube. Meistens gestreckt
Salto rückwärts c b a – rückwärts, ergibt sich von selbst. Nur verschiedene Positionen (gehockt c, gebückt b, gestreckt a)
Salto rückwärts mit ganzer Schraube
3/4 Salto rückwärts
3/4 Salto vorwärts
Schraubencody – 5/4 Salto rückwärts mit 1 Schraube aus dem Bauch zum Stand
Salto vorwärts c b a
Allgemein auch jeder Salto mit mindestens 1 Schraube
Doppelsalto
Sitz-Halbe-Sitz – vom Sitz halbe Schraube wieder in Sitz
Sitzsprung – von den Füßen auf den Po und wieder hinstellen
Strecksprung – Fuß auf Fuß
Superbaby – 9/4 Salto vorwärts aus dem Rücken mit 1/2 Schraube zum Stand

T Triffis – Dreifachsalto mit 1/2 Schraube im letzten Salto (Quadriffis = 4-fach usw.)
Twist – siehe halbe Schraube oder Schraube einfach

V Voll-Ein – Doppelsalto rückwärts mit 1 Schraube im ersten Salto
Voll-Voll-Voll – Dreifachsalto mit je 1 Schraube pro Salto

X X-Ein-Y-Aus – Doppelsalto mit X Schrauben im ersten und Y Schrauben im zweiten Salto; bei ganzzahliger Gesamtschraubenrotation handelt es sich um einen Rückwärtssalto (zum Beispiel Halb-Ein-Anderthalb-Aus), sonst um einen Vorwärtssalto (zum Beispiel Voll-Ein-Zweieinhalb-Aus); statt Halb-Aus sagt man auch Barani-Aus, entsprechend für Rudi usw.

Quelle: Wikipedia/Daniel Schmidt

Das Zahlensystem

41/ = Barani a
4   = 4/4 Salto
1   = halbe Schraube
/   = halbe Schraube gestreckt

821‹ = Voll-Ein-Halb-Aus b
8   = 8/4 Salto
2   = 2-mal halbe Schraube im ersten Salto
1   = 1-mal halbe Schraube im zweiten Salto
‹   = gebückt

VIEL SPASS BEIM LÖSEN DES RÄTSELS

Kapiert?
Ein Beispiel aus
Daniels Wettkampfkür.
Jetzt bist du dran!

12001 ‹
811 ‹
12001 0
831 ‹
803 ‹
8130
801 ‹
8110
821‹
833 /

8‹4/1

Du bist also flugtauglich und hast sogar Lust auf Wettkämpfe? Dann solltest du das wissen!

Du solltest eine Menge üben und dich von Profis ausbilden lassen. Wenn du auch noch das Talent mitbringst, steht deiner Karriere auf dem Sprungtuch zumindest theoretisch nichts mehr im Wege. So viel steht fest: Du brauchst eine Menge Kondition. Eine Wettkampfübung besteht aus zehn Sprüngen, also zehn Tuchberührungen.

Gestartet wird mit dem Anspringen, hier ist aber kein Strecksprung erlaubt. Gelandet wird auf beiden Füßen, in der Sitz-, Rücken- und Bauchlandung. Der zehnte Sprung der Übung muss in den Stand geturnt werden. Hohe Wertungen gibt es, wenn der Sprung korrekt ausgeführt wird und die Haltung passt und der Schwierigkeitsgrad hoch ist. Gesprungen wird einzeln, in einem Synchronwettkampf zu zweit auf nebeneinanderstehenden Geräten.

Man unterscheidet Pflicht- und Kürübungen. Pflichtübungen sind zehnteilige Übungen mit vorgegebenen Elementen – Kürübungen eine Kombination aus zehn beliebigen und verschiedenen Sprungelementen. Ein Wettkampf hat in der Regel drei Durchgänge: die Pflichtübung (1. Übung), die Kürübung (auch: 2. Übung) und das Finale mit den Besten, die eine zweite Kür springen dürfen. Fünf Kampfrichter haben ein geschultes Auge auf die Sportlerin oder den Sportler.

Beim Trampolin gibt es Haltungskampfrichter, die die Ausführung bewerten, und **Schwierigkeitskampfrichter, die die Saltos und Schrauben zählen müssen.** Auch die Sprunghöhe wird gemessen, spielt aber nur in Einzelwettkämpfen eine Rolle.

OK!

Es ist ganz schön tricky, auf gute Punkte zu kommen. Wenn der Oberkörper beim Sprung seine Stellung nicht verändert, gibt das weniger als wenig, genau 0 (in Worten NULL) Punkte. Dazu gehören der Stand-, Grätsch-, Hock-, Bück-, Grätschwinkel- und der Sitzsprung. Für jede 1/2 Schraube und jeden 1/4 Salto gibt's zum Beispiel „nur" 0,1 Punkte. Wer also Punkte sammeln will, sollte im Wettkampf schon den Rudolph (0,8 Schwierigkeitsgrad), einen Doppelsalto rückwärts b (1,2) oder Fliffis b (1,3) draufhaben.

Wenn du also ehrgeizige Ziele auf dem Trampolin hast, solltest du dir die Pflichtübungen des Deutschen Turner-Bunds (DTB) anschauen und sie mithilfe (d)einer Trainerin oder (d)eines Trainers gut beherrschen lernen.

Die Pflichtübungen (DTB-Aufgabenbuch)

P, M und W sind Pflichtübungen, M die Meisterklasse, FIG B und A internationale Weltspitze.

P1
- Sitzsprung
- 1/2 Schraube in den Stand
- Grätschwinkelsprung
- 1/2 Standsprungschraube
- Hocksprung

P2
- Sitzsprung
- 1/2 Schraube in den Stand
- Grätschwinkelsprung
- Sitzsprung
- Sprung in den Stand
- Hocksprung
- 1/2 Standsprungschraube

P3
- Sitzsprung
- 1/2 Schraube in den Sitz
- Sprung zum Stand
- Hocksprung
- 1/2 Schraube in den Sitz
- 1/2 Schraube in den Stand
- Grätsche
- Sitzsprung
- Sprung in den Stand
- 1/1 Standsprungschraube

P4
- 1/2 Schraube in den Sitz (halbe Sitz)
- 1/2 Schraube in den Stand (halbe Stand)
- Grätsche
- Rückensprung
- Sprung in den Stand
- 1/2 Schraube
- Hocksprung
- 1/1 Schraube
- Bücke

P5
- Bücke
- 1/2 Schraube in den Sitz (halbe Sitz)
- 1/2 Schraube in den Stand (halbe Stand)
- Grätschwinkelsprung
- Rückensprung
- 1/2 Schraube in den Stand (halbe Stand)
- Sitzsprung
- Sprung in den Stand
- Hocke
- Salto rückwärts c

P6
- Salto rückwärts c
- 1/2 Schraube in den Sitz (halbe Sitz)
- 1/2 Schraube in den Stand (halbe Stand)
- Grätschwinkelsprung
- Rückensprung
- 1/2 Schraube in den Stand (halbe Stand)
- Hocke
- 1/2 Standsprungschraube (halbe Stand)
- Bücksprung
- Salto rückwärts b

P7
- Bauchsprung
- Sprung in den Stand
- Grätschwinkelsprung
- Salto rückwärts c
- 1/2 Schraube in den Sitz (halbe Sitz)
- Sprung in den Stand
- Bücke
- Salto rückwärts b
- Hocke
- Barani c

P8
- 1/2 Schraube in die Bauchlage (halbe Bauch)
- Sprung in den Stand
- Hocke
- Salto rückwärts c in den Sitz
- 1/2 Schraube zum Stand (halbe Stand)
- Bücke
- Salto rückwärts b
- Grätschwinkelsprung
- Salto rückwärts c
- Barani c oder b

40

M5
- 3/4 Salto rückwärts a
- Stand
- Grätschwinkelsprung
- Salto rückwärts c
- Barani (frei)
- Bücke
- Salto b rw
- Hocksprung
- Salto c rw in den Rücken
- 1/2 Drehung in den Stand

M6
Zehn verschiedene Übungsteile, die folgenden vier Pflichtsprünge an beliebiger Stelle:

- 3/4 Salto rückwärts a
- Barani c oder b
- 3/4 Salto vw a
- Babyfliffis

Maximal drei Sprünge mit weniger als 270° Saltorotation.

M7
Zehn verschiedene Übungsteile, die folgenden vier Pflichtsprünge an beliebiger Stelle:

- 3/4 Salto rückwärts a
- Cody c
- Barani a
- Babyfliffis c oder b

Maximal zwei Sprünge mit weniger als 270° Saltorotation.

W11 /12
Zehn verschiedene Übungsteile, die folgenden zwei Pflichtsprünge an beliebiger Stelle:

- Ein Sprung in den Bauch
- Ein Sprung in den Rücken

Maximal zwei Sprünge mit weniger als 270° Saltorotation.

Zehn verschiedene Übungsteile, folgende drei Pflichtsprünge an beliebiger Stelle:

- Rudolph oder Babyrudolph
- Schraubensalto
- Ein Sprung in den Bauch oder in den Rücken

Maximal ein Sprung mit weniger als 270° Saltorotation.

W15/16

W13 /14
Zehn verschiedene Übungsteile, folgende drei Pflichtsprünge an beliebiger Stelle:

- Schraubensalto
- Ein Sprung in den Bauch
- Ein Sprung in den Rücken

Maximal ein Sprung mit weniger als 270° Saltorotation.

FIG A
Zehn verschiedene Übungsteile, jedes mit einem Minimum von 270° Saltorotation:

- Vier Elemente, die auf der Wettkampfkarte mit einem Sternchen (*) markiert werden, gehen mit ihrem Schwierigkeitsgrad zusätzlich in die Pflichtendwertung ein.
- Keiner dieser vier Sprünge darf in der ersten Kür (Vorkampf) wiederholt werden, sonst zählt der Schwierigkeitsgrad des wiederholten Sprunges in der ersten Kürübung nicht.

FIG B W17/18
Zehn verschiedene Übungsteile, folgende vier Pflichtsprünge an beliebiger Stelle:

- Ein Sprung in den Bauch oder in den Rücken
- Ein Sprung vom Bauch oder Rücken in Verbindung mit Pflichtsprung 1
- Ein Doppelsalto vorwärts oder rückwärts mit oder ohne Schrauben
- Ein Übungsteil mit mindestens 540° Schrauben UND mindestens 360° Saltorotation
Jeder Sprung muss mind. 270° Saltorotation haben.

WOW!

HISTORY!

Von Schweinen, Astronauten, Wasserspringern und anderen Trampoliner*innen

Uaaaaaahhhhh, Geschichte, ist das langweilig?! Eigentlich nicht. Willst du wissen, was Schweine auf einem Trampolin zu suchen haben? Oder Astronauten? Siehste! Und wir machen es auch ganz kurz – versprochen.

Kontrollierte Luftsprünge haben eine einmalig aufbauende Wirkung und kamen bereits in der jüngeren Geschichte zum Einsatz. Das Trampolin diente im Zweiten Weltkrieg Piloten und Fallschirmspringern als Trainingsgerät. Wasserspringer nutzten es ebenfalls zur Vorbereitung, und Astronauten trainierten vor allem nach der Landung ihre durch die Schwerelosigkeit zurückgebildeten Muskeln. Wissenschaftler der Arizona State University haben (angeblich, denn die Studie haben wir leider nicht gesehen) Schweine auf dem Trampolin wippen lassen, um zu zeigen, wie gut das Wippen gegen Stress wirkt und glücklich macht. Wir haben es doch immer gesagt, vielmehr geschrieben: Jump & Fun.

Also vielleicht doch mal in die Vergangenheit schauen? Angefangen hat alles im Zirkus.

Es soll einen französischen Zirkusartisten gegeben haben, der im Mittelalter in Spanien auf einem Tuch sprang. Sein Name: Monsieur du Trampoline. Aha, daher also die Bezeichnung Trampolin. Zeitsprung. Der Ort: Wieder im Zirkus. Trapez-Artisten, die in der Luft Sprünge machten, brauchten zu ihrer Sicherheit ein Fangnetz. Das war etwas Ähnliches wie ein Trampolin. Dort ließen sie sich zum Abschluss hineinfallen und machten oft noch ein paar Saltos.

Der amerikanische Hochartist George Nissen hatte die Idee, daraus eine eigene Zirkusnummer zu entwickeln, und baute sich ein Trampolin. Das war in den 20er-Jahren des 20. Jahrhunderts, genannt wird die Jahreszahl 1928. Die Idee kam sehr gut an, und so ließen George Nissen und sein Partner Larry Grisworld Trampoline auch für andere herstellen und verkauften sie – vor allem an Schulen und Feriencamps. Grisworld stieg aus dem gemeinsamen Unternehmen aus, sodass eher Nissen als moderner „Vater" des Trampolin-turnens gilt. Wer hätte damals gedacht, welche Bedeutung das Trampolin einmal bekommt!

Der deutsche Nissen hieß Albrecht Hurtmanns. 1951 baute er ein Gestell aus Eisenrohren mit einem Tuch aus Rollladengurten und Fahrrad-schläuchen als Gummis zu einer frühen Form des Trampolins zusammen. Schon bald wurden die Konstruktionen immer besser und das Trampolin als Sportgerät ein Megatrend. Made in Germany kommt an: Heute stellt beispielsweise die schwäbische Firma Eurotramp und das Team von Gründer Kurt Hack bereits in der 3. Generation Profigeräte für Jumper auf der ganzen Welt her. Das Familienunternehmen hat bereits mehrere Olympiaden und die WM in Tokio ausgestattet.

Deutschland, Europa und die ganze Welt springen mit

In London im Jahr 1964 fanden die ersten Welttitelkämpfe statt, seit den Olympischen Spielen 2000 in Sydney kämpfen die Trampoliner*innen um Gold, Silber und Bronze.

In Deutschland wurde 1973 die Trampolin-Bundesliga gegründet. Trampolinturnen ist im Deutschen Turner-Bund (DTB) eingebunden. In Österreich ist Trampolinspringen im Österreichischen Fachver-band für Turnen (ÖFT) organisiert.

Bei den jährlichen Deutschen Meisterschaften werden die Deutschen Meister auf dem Trampolin in den Disziplinen Einzel, Synchron, Mannschaft und auf dem Dop-pel-Mini-Trampolin im Einzel ermittelt. Im Jahr 1986 gelang der deutschen Natio-nalmannschaft in Paris sogar der Weltmeisterschaft-Sieg. Anna Dogonadze errang bei den Olympischen Sommerspielen 2004 in Athen das erste olympische Gold auf dem Trampolin für Deutschland.

Neben den Europa- und Weltmeisterschaften turnen die Sportlerinnen und Sportler auf internationalen Cups wie Ostseepokal, Nissen-Cup, Grenzland-Cup sowie auf der World-Cup-Serie.

STRECKSPRUNG
BASIC

#1

1, 2 ... SPRUNG MIT 3

Stelle dich in die Mitte des Trampolintuchs, Füße hüftbreit auseinander, fange leicht, dann stärker an zu wippen und zu hüpfen: **1, 2, ... Sprung mit 3.**

Beim Absprung mit den Füßen abdrücken, mit aufrechtem Oberkörper losspringen. Körperspannung halten, Po anspannen.

Die Arme vor dem Körper so weit nach oben bringen, dass dein Körper gestreckt ist. Dann Füße in der Luft schließen, während der Landung Arme seitlich neben den Körper nach unten strecken, mit leicht gebeugten Knien und auf beiden Füßen in der Ausgangsstellung kontrolliert landen.

Du kannst als **Challenge** mit deinen Freunden **nacheinander (!!!)** versuchen, nach den ersten guten Versuchen mal so hoch wie möglich zu springen. Auf dem Wettkampftrampolin schafft Daniel 8 Meter, für dich sind 1,5 Meter in der Jump Hall und im Garten schon ziemlich gut. Vorsicht auf dem Mini!

BASIC
1/2 SCHRAUBE

#2

Den Grundsprung zunächst angehen wie den Strecksprung, nur dass du deinen Körper um 180 Grad drehst ...

Kannst du? Dann geht's richtig los.

Je nachdem, wie herum du schraubst, muss die jeweilige Schulter nach hinten gezogen werden, die rechte/andere gleichzeitig nach vorne. Arme seitlich anwinkeln/an den Körper legen.

Bei einer halben Schraube gilt es wieder, sicher auf beiden Füßen gleichzeitig zu landen und permanent die Körperspannung aufzubauen.

Der Schmidt-Tipp

Beim Strecksprung Arme nicht hinter den Kopf, du verlierst sonst das Gleichgewicht, bekommst ein Hohlkreuz und landest schnell nicht mehr in der Mitte des Tuches.

Bei der halben Schraube das Gefühl für das Timing mit der Rotation am höchsten Sprungpunkt spüren.

Am Anfang ist immer weniger mehr. Flach anfangen, erst dann steigern. Sei exakt und konzentriert.

GRÄTSCHE BASIC

Diese Luftnummer ist – das muss man(n) einfach zugeben – eher ein Mädchensprung. Jungs, das heißt nicht, dass ihr ihn auslassen sollt.

So geht's – 1, 2 … Sprung mit 3: Arme hochstellen, mit gestreckten Beinen und aufrechtem Oberkörper gerade abspringen. Während du den höchsten Sprungpunkt erreichst, die Beine gestreckt 90 Grad bzw. parallel zum Sprungtuch hochziehen, in eine Grätsche bringen – bei den ersten Stunts mindestens 90 Grad, mit etwas Übung dann auch weiter spreizen.

Den Oberkörper parallel zur Beinarbeit nach vorne neigen, sonst kommst du in Rückenlage, und dann mit den Fingern die Zehen berühren. Den Kopf gerade lassen, das Sprungtuch jedoch im Auge behalten. In der Sinkphase Beine wieder parallel zusammenstrecken, Oberkörper in gerade Position bringen, Arme gestreckt und seitlich anlegen und mit beiden Füßen auf dem Sprungtuch landen.

Der Schmidt-Tipp

Eine mit kalten Muskeln gesprungene Grätsche kann in heiklen Zonen zu einer kleinen Zerrung führen, weshalb das Dehnen vor dem Stunt dringend zu empfehlen ist.

Die Herausforderung: Die fließende Koordination von Beinen und Oberkörper erfordert eine gute Körperspannung und gewisse Sprunghöhe. Bei den ersten Versuchen aber erst in geringer Höhe die Sprungfolge einprägen. Unbedingt vermeiden, dass du nach vorne oder in den Rücken fällst.

HOCKSPRUNG

#4

So geht's – 1, 2 … Sprung mit 3: Von Anfang an die Arme hoch und parallel in die Luft, kräftig abspringen. Wenn du beim Sprung „ganz oben" angekommen bist, ziehst du die beiden Knie und Oberschenkel mindestens im 90-Grad-Winkel an. Dabei unterhalb der Knie die Beine kurz festhalten und wieder lösen. In der frühen Sinkflug-Phase Arme seitlich angelegt und Beine parallel strecken, vor der Landung die Arme wieder nach oben strecken und – wie beim Strecksprung gelernt, – mit beiden Füßen im etwa hüftbreiten Abstand auf das Tuch springen.

Die Herausforderung: Je höher du in die Luft kommst, desto mehr Zeit hast du für die Ausführung. Wichtig sind fließende, nicht zu ruppige Bewegungen, Arme in Ruhe strecken, anwinkeln und wieder strecken, die Knie nicht zu früh vorne hochziehen.

Wie immer erst vorsichtig anfangen, da du als Starter schnell mal in Rückenlage kommst, mit einem Hohlkreuz landest oder auch ungeplant einen Satz nach vorne machst und dem Rand des Sprungtuchs zu nahe kommst.

Der Schmidt-Tipp
Knie zum Oberkörper und nicht mit dem Kopf zu den Knien. Eher kurz am Knie anfassen und dann nicht wie im Schwimmbad mit 'ner Arschbombe landen. Lerne den Hocksprung so lange, bis du ihn sozusagen im Schlaf kannst.

#5

BASIC

BÜCKSPRUNG

Er ist schon etwas anspruchsvoller, manche sagen sogar schwieriger als der Hock- und Grätschwinkelsprung. Du schaffst das, wenn du dich mit den Strecksprüngen, der Hocke und der Grätsche wohlfühlst.

JUMP

Die Herausforderung: In der kurzen Phase in der Luft in die Bückposition zu kommen, mit den Fingern die Füße zu berühren und wieder sicher und gerade auf beiden Füßen zu landen. Sei nicht zu streng mit dir, hier kommen einige Übungen zusammen, die gut koordiniert werden müssen. Dafür siehst du beim Bücksprung schon mal gut aus, wenn du ihn kannst.

So geht's – 1, 2 ... Sprung mit 3: Mit gestreckten Armen nach oben mit Schwung abspringen und erst, wenn du den höchsten Punkt erreichst (nicht vorher), Beine zusammen und gestreckt nach vorne ziehen, bis sie parallel zum Sprungtuch sind, die Füße kurz mit den Fingern berühren, Kopf oben behalten. Nach vorne schauen, bei der Landung die Beine parallel nach unten und die Arme wieder nach oben strecken.

Mit das Wichtigste sind gestreckte Knie in der Luft! Easy, wenn man's kann ;). Also üben, üben, üben.

Achte darauf, dass du gerade landest und nicht in Rückenlage oder nach vorne kippst. Starter gleichen die zunächst fehlende Balance gerne mit den Armen aus und führen den gesamten Bewegungsablauf etwas zu vorsichtig aus. Das bitte mit zunehmender Übung vermeiden.

Der Schmidt-Tipp

Das fordert schon ein wenig Übung mit dem Gleichgewicht. Wenn du Schwierigkeiten hast, die Beine durchzudrücken, übe erst auf dem Boden, die Füße mit den Händen zu berühren und die Muskeln zu dehnen und aufzuwärmen.

Wenn dir Bauchmuskeln fehlen, empfehle ich Crunches. Das stabilisiert deine Körpermitte, und du bekommst die Beine hoch.

BASIC
SITZSPRUNG

#6

Come on, den packst du locker. Vor allem die Landung wird dir eine Menge Spaß machen!

So geht's – 1, 2 ... Sprung mit 3: Mit hochgestellten Armen, gestreckten Beinen und aufrechtem Oberkörper gerade abspringen. Danach die Hüfte etwas nach vorne schieben und die Beine parallel vor deinen Körper bringen. Dein Oberkörper bleibt dabei aufrecht. Das richtige Timing sorgt dafür, wie weit du deine Beine nach vorne strecken kannst, um dann auch perfekt landen zu können. Optimal sollten die Beine und der Po gleichzeitig im Trampolin aufkommen.

Dann ist das Aufstehen danach eine Kleinigkeit. Achte darauf, dass dein Rücken in der Landung gerade ist. Die Hände links und rechts, mit den Fingerspitzen nach vorne, etwas hinter dem Po als Unterstützung aufsetzen.

1, 2 ...
SPRUNG
MIT 3

Der Schmidt–Tipp

Ist erst ein komisches Gefühl, weil man das erste Mal mit einem anderen Körperteil als mit den Füßen aufkommt.

Die ersten Übungen lieber aus dem Stand heraus probieren — mit dem Po immer in etwa dort aufkommen, wo vorher die Füße waren —, bis du deinem Rücken zuliebe auf jeden Fall mit den Beinen komplett parallel auf dem Sprungtuch landest.

7

BASIC 1/2 SITZ

Bitte hier erst einmal mit einer Vorübung starten: Aus dem Stand heraus halbe Drehung in den Sitz. Dabei Arme hoch, mit Körperspannung fallen lassen, mit Hüfte und Schulter drehen, Landung wie beim Sitzsprung. Die Beine sind gerade gestreckt, zusammen, Handflächen auf dem Tuch, die Finger nach vorne.

Unbedingt nacheinander erst die Schraube und dann die Sitzbewegung durchführen. Je zentraler und fester du den Schwerpunkt findest, desto schneller drehst du dich um die Achse. Mit der Sprunghöhe steigt das Risiko, die Drehung nicht perfekt umzusetzen und auf der Seite oder nur auf dem Po zu landen. Wichtig ist wieder, dass der Po und die Beine gleichzeitig aufkommen.

Wenn du den Stunt perfekt kannst, mit ganz leichter Sprunghöhe weitermachen. Bist du dann immer noch sicher im Sitz auf dem Tuch gelandet, probiere, dich zu steigern und höher zu jumpen. 1, 2 ... Sprung mit 3.

Der Schmidt-Tipp
Finde beim Schrauben heraus, welche Richtung dir leichter fällt. Bist du ein Links- oder Rechtsschrauber? Ich bin ein Linksschrauber, weil ich so besser in Rotation komme. Oft sind Linkshänder Rechtsschrauber und Rechtshänder Linksschrauber.

BASIC

1/2 STAND

#8

Eine Vorübung, damit du aus dem Sitz lernst, wie ein Profi aufzustehen: Du startest so, wie du beim Sitzsprung gelandet bist. Die Beine sind gerade gestreckt, zusammen, Handflächen auf dem Tuch, die Finger nach vorne. Wippen und Schwung holen, **1, 2 ... los geht's bei 3,** Arme wie beim Strecksprung nach oben, Landung in den Stand und dabei die Arme seitlich runternehmen und anlegen. Du landest in der gleichen Blickrichtung. Kannst du? Dann los zum nächsten Schritt zum 1/2 Stand (also mit einer 1/2 Schraube).

Wenn du den Sitzsprung und das Aufstehen sicher beherrschst, kannst du anfangen, aus der Sitzposition aufzustehen und dabei eine halbe Schraube zu machen. Das geht am besten, wenn du erst die Hüfte streckst und die Arme nach oben streckst, weil du dann am besten die 180-Grad-Drehung schaffst. Bleib auch hier bei bei deiner Lieblingsschraubenrichtung und lasse die Beine geschlossen.

Aaaaalso: Startposition wie bei der Vorübung. Nach der Sitzlandung Arme hoch, eine halbe Drehung in deiner Lieblingsschraubenrichtung mit Schultern und gerader Hüfte starten, sich in der Luft so groß wie möglich machen und im Stand auf beiden Füßen landen. Die Beine sind dabei stets geschlossen, Knie und Füße bis auf die Landung gestreckt. Wenn alles richtig war, schaust du jetzt genau 180 Grad in die andere Richtung.

1, 2 ...
SPRUNG
MIT 3

JUMP!

BASIC

SITZ-HALBE-SITZ

#9

1/2 Sitz und 1/2 Stand springst du quasi im Schlaf? Na, dann fordern wir dich noch ein wenig.

Du startest in Sitzposition wie bei 1/2 Stand, gewinnst danach Höhe und versuchst, nicht auf den Füßen, sondern wieder im Sitz zu landen.

Das Geheimnis ist, dich laaaaang zu strecken, die Beine am höchsten Sprungpunkt nach der Drehung wieder nach vorne und somit unter dem Körper wegzuziehen. Du wirst ein wenig Geduld mit dir selbst brauchen und mit zu wenig Schwung und Höhe ungewollt auf den Füßen „zwischenlanden".

Wenn du die Rotation zu einer halben Schraube sauber turnen möchtest, brauchst du ausreichend Zeit in der Luft. Daher solltest du die Beine geschlossen erst kurz vor der Landung gestreckt in Position bringen und im Sitz landen. In Kurzform: Sitzposition, Aufstehen und Körper strecken, Arme über dem Kopf haben, halbe Drehung und sofort die Beine wieder nach vorne in die Sitzposition bringen.

YO!

Der Schmidt-Tipp

Denke beim Wechsel von der einen zur anderen Seite an eine La Ola. Die Drehung klappt leichter, wenn du zwischen den Sitzpositionen gestreckt bist und nicht versuchst, deine Beine »um die Ecke« zu kurven. Und die Körperspannung ist bei diesem Stunt noch wichtiger als sonst.

Nimm dir Zeit, das wird alles nicht beim ersten Mal funktionieren.

#10 BASIC BAUCHSPRUNG

RISKY...

Der Bauchsprung ist lustig, aber durchaus etwas risky. Daher musst du gut aufpassen, auf die ganz exakte Ausführung achten, die lange Anleitung Schritt für Schritt nachturnen und dich stets konzentrieren. Auf jeden Fall trainierst du mit diesem Jump die Möglichkeit, auch mal gefahrloser zu landen, wenn der Abgang nicht so gut gelungen ist.

Du hast die vorherigen Sprünge in diesem Buch gelernt? Das ist wichtig, denn der Bauchsprung erfordert schon etwas mehr Gefühl für die Landung, das Timing und eine gute Körperspannung. Vor dem Start unbedingt warm machen und die Übungen in Ruhe nacheinander lernen. Wenn möglich, die folgenden Übungsteile erst auf einer Sicherheitsmatte trainieren.

Anfangs – auch wenn du glaubst, das machen doch nur absolute Starter – übst du den Bauchsprung aus der sogenannten Bankstellung heraus. In der Mitte des Trampolins hinknien, auf Arme und Knie gehen, in Liegestützposition übergehen und auf den Bauch fallen lassen. Dabei müssen die Knie kurz vor der Landung gestreckt, deine Beine parallel zusammen, die Ellenbogen in Halshöhe und deine Hände unter dem Kinn sein, ohne dich damit abzustützen, du aber bei Bedarf dein Gesicht schützen kannst. Wenn du nicht ganz exakt gerade landest, die Schultern hochdrückst oder nacheinander auf dem Tuch aufkommst, bedankt sich deine Wirbelsäule.

Etwas schwerer ist die Übung, wenn du dich mit geradem Oberkörper hinkniest, wippst und hochspringst, in die Bankstellung gehst und dann wie oben beschrieben auf den Bauch fallen lässt – und dann wieder auf allen vieren landest.

Als nächsten Step lässt du dich vom Stand in die Bauchlage fallen. Wenn du das wirklich gut beherrschst, zuerst ganz niedrig im Stand auf der Matte oder dem Tuch gerade nach oben springen und fallen lassen und wieder auf beiden Füßen (!!!) aufkommend in den Stand zurück. Wenn das am Anfang nicht ganz gerade und gestreckt funktioniert, ist das okay.

Üben, üben, üben.

Der Schmidt-Tipp

Bitte nicht wie ein Kartoffelsack auf dem Trampolin landen, das tut einfach weh. Versuche, den Körper anzuspannen, das hilft sehr. Beim Sprung nicht zu weit nach vorne hüpfen, sonst verlierst du schnell(er) die Kontrolle. Lande auf der ganzen Fläche gleichzeitig mit dem Körper und vermeide es, dich mit dem Armen abzustützen oder mit dem Gesicht zu bremsen.

Wenn du den Bauchsprung gut beherrschst, kannst du diesen super mit Saltos kombinieren. Die Mühe lohnt sich!

#11

RÜCKENSPRUNG

Die Landung auf deinem Rücken ist einfacher als auf dem Bauch. Es kann dennoch nicht schaden, dich erst auf einer Sicherheitsmatte, dann auf dem Trampolin auf den Rücken zu legen. Deine Füße und Hände zeigen in der Rückenlandung zur Decke/Himmel, den Kopf lässt du auf der Matte ruhen und bewunderst deine Fußspitzen.

Bevor du in dieser Position festwächst oder einschläfst: Aus dem Stand mit Körperspannung, Bauch leicht nach vorne, gestreckt auf den Rücken fallen lassen, nicht auf dem Po landen, sondern in der oben geübten Position.

Bitte achte darauf, dass Beine und Arme – so kurz wie möglich vor der Landung im genannten Winkel – fest nach oben gestreckt sind und du deinen Kopf ebenfalls stabilisierst. Wie alle anderen Sprünge auch, ist dieser Stunt auf einer Stelle und in der Mitte des Tuchs oder der Matte zu turnen.

Wenn du das beherrschst, ohne durch zu viel Schwung eher eine Rückwärtsrolle zu machen, kannst du anfangen, in niedriger Höhe zu springen, und los geht's wie beschrieben auf den Rücken.

Nächster Step: vom Rücken wieder in den Stand. Ziel ist es, nach der Rückenlandung wieder in der Ausgangsposition, also stehend auf beiden Füßen, zu landen. Das gelingt dir, wenn deine Finger- und Fußspitzen in der Rückenposition senkrecht nach oben zeigen. Deine Beine dürfen nicht zu steil Richtung Kopf gezogen, aber auch nicht zu flach zum Trampolintuch gehalten werden. Zum Aufstehen ziehst du deine Fingerspitzen und Hüfte nach oben und senkst im Flug deine Beine, sodass sie zur Landung wieder unter deinem Oberkörper sind.

Wenn auch das funktioniert, erst leicht, dann in den weiteren Versuchen stärker wippen bzw. springen und wie beschrieben mit dem Rücken ins Tuch und wieder in den Stand. Geschafft!

Der Schmidt-Tipp

Am Anfang ist es etwas leichter, wenn man beim Rückensprung ein wenig nach hinten springt, weil man dann leichter wieder aufsteht. Achte darauf, dass die Beine zusammen bleiben. Wenn du das Timing raushast, übe den Rückensprung auf der Stelle. Challenge für Bauch- und Rücken-Jumper: Wenn du dich sicher fühlst, kann man das Ganze auch nacheinander kombinieren und Schrauben einbauen. Wie viele Sprünge schaffst du, ohne das Trampolin mit den Füßen zu berühren :) ?

BOOM

FORTGESCHRITTEN
SALTO RÜCKWÄRTS
#12 **C**

Du bist jetzt bei den Sprüngen für Fortgeschrittene und turnst die Basics fehlerfrei. Klasse! Jetzt lernst du, wie man „Purzelbäume" in der Luft macht. Na ja, nennen wir sie lieber Saltos. Wir steigen mit c, der gehockten Position, ein. Kurz: Salto c.

Komischerweise geht's rückwärts leichter als umgekehrt. Der Grund: Du siehst das Tuch, sobald du kopfüber in der Luft bist, und kannst somit die Landung besser vorbereiten. Ääääähm, dafür kostet es anfangs eine kleine Überwindung, rückwärts über den Kopf zu springen.

Zur Vorbereitung ist eine Rolle rückwärts prima. Zudem schon mal eine Wand hochgelaufen? Ach, du bist nicht Spiderman? Dann schnapp dir zwei erwachsene Helferlein, die dich am Arm und Rücken unterstützen, du springst mit den Füßen an die Wand, läufst sie ein wenig hoch, krümmst den Rücken, machst den Salto und landest, von beiden Erwachsenen gestützt, mit beiden Füßen.

Okay, es geht los: Beim Absprung sind die Arme und Hände nach oben gestreckt, Kopf hoch, den Körper spannen, **1, 2 ... richtig kräftiger Sprung bei 3,** wenn es nicht ausreicht, auch erst bei 5, denn hier brauchst du möglichst viel Abstand vom Tuch. Abflug! Dich kurz – ohne Hohlkreuz – leicht überstrecken, danach sofort die Hüfte mit den geschlossenen Beinen hochziehen, dein Oberkörper bleibt noch aufrecht (!). Such dir vorne auf dem Trampolin einen Punkt, den du so lange wie möglich anschaust. Jetzt kommt die Hocke in der Luft, gleichzeitig kommen die Knie in Richtung deiner Arme, und dann unterhalb der Knie fest umfassen.

Jetzt bist du kurz vor dem höchsten Punkt des Stunts, löst die Hocke schnell, aber nicht hastig auf und streckst den Körper, die Arme bleiben eng anliegend an der Seite. Wenn du in dieser Phase, in der du am höchsten Sprungpunkt über Kopf gestreckt in der Luft schwebst und den Kopf bitte erst jetzt (!) leicht anhebst, siehst du das Tuch. Die Landung erfolgt erst leicht gebeugt, dann mit gestrecktem Körper, Kopf hoch und breitem Siegergrinsen (okay, das ist natürlich dir überlassen).

Die Landung

Gaaaaanz wichtig, lass dir helfen, eine Hand reichen, die dich stabilisiert oder die Landungsgeschwindigkeit zumindest reduziert. Hast du zu viel Schwung, überdrehst du, bei zu wenig Schwung bist du ein Käfer auf dem Rücken. Oder du gehst zu spät in die Hocke, streckst deinen Körper zu früh, zu spät, gar nicht usw. Schlimmstenfalls fällst du kopfüber wie ein Stein aufs Tuch und musst dich mit den Händen abstützen.

FORTGESCHRITTEN
SALTO RÜCKWÄRTS

B

#13

Der Salto b – du erinnerst dich, b = gebückt – kommt erst auf deine Sprungliste, wenn du den Salto c gefühlt 100 Mal erfolgreich gesprungen bist.

1, 2 … kräftiger Sprung bei 3 wie beim Salto c, statt der Hocke im ersten Drittel des Jumps in die gebückte Haltung gehen. Empfohlen wird ein 45-Grad-Winkel zwischen Körper und gestreckten Beinen. Falls du nicht so beweglich bist, reichen auch 90 Grad, ab dann zählt es als Bückposition.

Kurz vor dem höchsten Sprungpunkt berühren die Fingerspitzen deine gestreckten Füße (oder so weit du kommst), und gleich danach die Bücke auflösen und mit seitlich anliegenden Armen mit Füßen Richtung Himmel in die Streckung übergehen. Den Kopf gerade lassen und auf das Tuch schauen. Jetzt wie beim Salto c landen.

1, 2 …
SPRUNG
MIT 3

Der Schmidt-Tipp

Auch beim Salto b gilt:
Respekt haben und Hilfe holen,
sonst tut's mit Sicherheit —
wenn du Glück hast ohne
weitere Verletzungsfolgen —
»nur« weh. Meiner Meinung
nach ist es technisch die
schwerste Position!

UUUND ...

FORTGESCHRITTEN
SALTO RÜCKWÄRTS

A

#14

Jaja, es ist langweilig, und dennoch steht auch hier: Hilfe holen, nicht übermütig werden und sehr konzentriert sein. Wir sind uns einig? Na dann ...!

1, 2 ... kräftiger Sprung bei 3 wie beim Salto c und b. Der Unterschied: Nach dem Absprung mit hochgestellten Armen den Körper etwas überstrecken, die Arme leicht ausstellen, am höchsten Sprungpunkt eng an den Körper anlegen und mit leicht gehobenem Kopf das Tuch anschauen. Das gibt dir Sicherheit. Mit hoher Körperspannung weiter drehen, bis du kurz parallel zum Tuch schwebst, und mit leicht gebeugter Hüfte auf beiden Füßen landen.

Zu viel Schwung? Dann kippst du nach hinten weg. Bei zu wenig Schwung brechen Anfänger den Sprung gerne auch mal ab, krümmen sich ein und vergessen, bei der Tuchberührung auf beiden Füßen zu stehen. So oder so ist es dann immer wichtig, dass deine Helferin oder dein Helfer die Fallgeschwindigkeit abbremsen und dich stabilisieren.

Der Schmidt-Tipp
Spann deine Kiste an und schieb deine Schienbeine zur Decke.

SALTO VORWÄRTS C

#15

Mit dem Salto vorwärts c bekommst du das Basiswissen und die perfekte Sprung-technik für alle weiteren Vorwärtssaltos. Achte bitte darauf, dass du die crazy Stunts ganz exakt ausführst. Der Salto vorwärts c ist auf deiner Liste, wenn du

- beim Salto rückwärts c, b und a für ab-solut flugtauglich erklärt worden bist,
- den Hock- und die Strecksprünge **uuuuuund**
- eine Rolle vorwärts auf dem Tuch quasi schon im Schlaf kannst.

Passt alles? Dann lass uns das Aben-teuer starten. Bei der Rolle vorwärts bauen wir erst einmal eine kleine Hürde ein: ein wenig wippen und hopp! Aha, die Rolle wird schon eckiger, du fällst auf den Rücken und springst dann mehr hoch, statt kontrolliert auszurollen. Siehste, doch kein Kinderkram. Vor allem, wenn du mehr Schwung nimmst.

Rollst du bereits sicher über das Tuch? Dann fängst du vorsichtig mit dem Sprung an. Bereit? Arme hoch ... 1, 2 ... und Sprung auf 3 (oder auf 5, wenn du erst dann genug Schwingung unter die Fersen bekommst): Deine Hände zeigen zur Decke, und du versuchst, über eine Mauer zu springen. Dein Hirnbehälter, laut Duden als Kopf definiert, bleibt möglichst lange gerade und rollt sich erst kurz vor dem höchsten Punkt nach vorne ein. Gleichzeitig bewegen sich deine Hände Richtung Knie, die du dann für einen kurzen Moment umschließt und dann wieder zur Streckung loslässt.

Lässt du zu früh los, landest du auf dem Po. Hältst du zu lange fest, überdrehst du und kannst nach vorne umfallen. Genau an diesem Punkt wirst du merken, warum der Vorwärtssalto tech-nisch schwerer ist als der Rückwärtssalto. Die Landung wird nicht immer 100-prozentig klappen, da du deine „Landebahn" erst sehr spät siehst. Halte deine Körperspannung, bis du sicher mit beiden Füßen aufgekommen bist.

SALTO VORWÄRTS **B**

#16

Du stehst den gehockten Salto vorwärts c? Herzlichen Glückwunsch! Dann versuche dich mit der gebückten Variante. Der Absprung bleibt gleich, nur drehst du dich in der Luft mit einer Bücke und landest dann auch wie beim c. Wenn du gerade nicht weißt, wie das funktioniert, schau dir den Bücksprung an, wiederhole ihn ein paarmal und starte den Salto vorwärts b. Bleibt noch ein guter Rat: ... den letzten Satz beim Schmidt-Tipp unten lesen und vor allem befolgen.

SALTO VORWÄRTS **A**

Es kommt, wie es kommen muss: Der Salto vorwärts a in der ... Preisfrage ... gestreckten Position ist alles andere als langweilig. Wie bei allen Saltos die Körperspannung halten, Körper strecken, Kopf gerade, den Po zusammenkneifen, und wenn du kopfüber mit den (ach soooo) gestreckten Beinen in der Luft hängst, die Matheschulaufgabe für den nächsten Tag lösen. Okay, das war ein schlechter Scherz, aber wenn du den Salto rückwärts in allen Facetten und den Salto vorwärts c und b schaffst, ist a nun keine große Sache mehr für dich.

Trotzdem wirst du merken, dass du beim gestreckten Salto vorwärts das beste Timing brauchst, um mit dem richtigen Schwung runterzukommen. Werde bei der Landung nicht leichtsinnig und bleib auf beiden Füßen. Eine Verstauchung ist noch das Beste, was bei einer einbeinigen Tuchberührung passieren kann. Springst du die Saltos korrekt und sauber auf das Tuch, hast du den Starter-Status längst verlassen. Yay!

#17

Der Schmidt-Tipp

Auch beim Salto vorwärts gehören Respekt und Vorsicht zu den wichtigsten Vorbereitungen, allerdings musst du es schon mindestens 1,5 Meter in die Luft schaffen, um ausreichend Platz haben.

Achte bei der Landung darauf, dass du nicht überdrehst!

3/4 SALTO RÜCKWÄRTS

#18

Wenn du den Salto c rückwärts sauber turnst, hast du den 3/4 rückwärts im Prinzip auch in der Tasche. Da sich viele Sprungbestandteile wiederholen, sind sie hier nur noch kurz beschrieben. Wenn du dir unsicher bist, schau bei den entsprechenden Sprüngen auf den vorderen Seiten nach.

Los geht's: Du schaust beim Absprung wieder vorne auf den Rand des Trampolins. Danach leitest du einen gestreckten Salto rückwärts ein – nur mit weniger Schwung. Ziel ist diesmal nicht die Landung auf den Füßen, sondern auf dem Bauch.

Achtung! Übe diesen Sprung zunächst in einer Matte und mit Hilfestellung, denn du wirst anfangs nicht immer perfekt auf dem Bauch landen. Dabei besteht das Risiko, dass du dir im Rücken eine Zerrung holst. Für dich als Springer ist es total wichtig, dass du deinen Körper bei dieser Landung so fest wie möglich machst. Falls du das Gefühl hast, zu schnell zu sein und eher wie eine Seerobbe zu landen, kannst du auch durchhocken und mit Vorsicht auf allen vieren landen. Sagen wir es so: Dein Rücken wird es dir danken. Hast du das Timing mit viel Übung im Griff, landest du wie beim Bauchsprung. YES! Auch hier gibt es dann eine Menge Möglichkeiten, Sprünge zu kombinieren.

YEP

Der Schmidt-Tipp

Ohne Spannung in der Bauchlage wird es nicht leicht. Und achte auf die Kopfbewegung. Manche versuchen, die Rotation nicht über die Körperspannung, sondern mit dem Kopf einzuleiten. Das geht schief. Bedeutet: Crunches und Plankings sind zur Vorbereitung deine besten Freunde ... Auch wenn du noch ziemlich jung bist: Spätestens zur Badehosen- und Bikinisaison wirst du dich über deinen trainierten Bauch freuen.

3/4 SALTO VORWÄRTS

Basis ist eine Rolle vorwärts, die du auch auf einer Matte üben kannst, sollte sie dir Probleme bereiten. Ab jetzt folgen eine Menge Vorübungen, die gut für deine Koordination sind und total Spaß machen. Also gleich mal eine Stufe schwieriger: Arme zum Start in Hochlage, die Rolle vorwärts aus dem Stand heraus in den Stand. Dann folgt die nächste Sprungstufe, indem du erst wippst und dann eine Flug-/Sprungrolle machst. Dabei musst du nicht einmal bis zum Stand durchrollen, sondern kannst gemütlich, aber natürlich mit Körperspannung auf dem Rücken liegen bleiben.

1, 2 … Sprung bei 3 – immer ein wenig höher, und los geht's.

Leicht? Dann probiere es in einer Höhe, in der du dich sicher fühlst, und springe mit gestreckten Armen nach oben ab. Schau dabei so lange wie möglich vorne auf das Ende des Trampolins. Gleichzeitig bringst du deine geschlossenen Beine hinter dich in die Luft und kommst in eine Art „Flieger-position".

Genieße diesen Moment am höchsten Punkt! Danach beginnt die Landephase, und dafür senkst du den Kopf in Richtung deiner Brust und fängst an, den Körper etwas zu krümmen. Aber nicht zu viel, denn du möchtest nur auf dem Rücken landen, nicht auf dem Hintern.

Diese Bewegung erfordert Mut und ein gutes Körpergefühl. Bei der Landung im Rücken sind die gleichen Tipps wie auf Seite 62 zu befolgen. Fingerspitzen und Füße zeigen senkrecht nach oben. Wenn du optimal in der Rückenposition gelandet bist und deine Körperspannung hältst, passiert das Aufstehen danach fast von selbst. Dieser Sprung eignet sich aber bestens für eine Kombination mit weiteren Sprüngen. Ein Beispiel ist der Babyfliffis auf Seite 88.

UFF!

SALTO IN SITZ

#20

1, 2 ... SPRUNG MIT 3

Wenn du die bisherigen Saltos sehr oft geübt hast und beim Rückwärts-salto sicher bist, kommt der Salto in Sitz dran. Absprung wie gewohnt, die Beine gut durchstrecken, einmal rum und im Sitz landen. Zur Stabilisierung bei der Landung die Arme neben dem Hintern leicht nach hinten versetzt platzieren, die Fingerspitzen zeigen nach vorne.

Am Anfang sorgt zu viel Schwung für unsanfte Begegnungen mit dem Netz. Also Vorsicht, Körperspannung, das kennst du jetzt ja schon aus-wendig. Kombiniere einfach die Anleitungen des Salto rückwärts plus die richtige Landung beim Sitzsprung. Du brauchst nur minimal mehr Schwung als beim normalen Salto.

SALTO IN RÜCKEN

#21

Als Vorübung eignet sich der Salto rückwärts gehockt zum Sitz c und b, nur dass du dich beim Salto in Rücken quasi durchrollen lässt und auf dem Rücken landest.

Von vorne: **1, 2 ... Sprung mit 3 (oder bei 5, wenn du noch mehr Aufwärtsdynamik brauchst)**, Absprung mit in die Höhe gestellten Armen, in die Hocke oder Bücke, kurz vor dem höchsten Sprungpunkt auflösen, „ganz oben" kopfüber gestreckt mit anliegenden Armen den Körper gaaaanz lang machen.

Möglichst kurz vor der Landung die Beine gestreckt hochziehen, mit leicht nach hinten gestreckten Armen, parallel leicht nach vorne gestreckten Beinen und leicht angehobenem Kopf auf dem Rücken landen und von dort aus (bei genug Restschwung) vorwärts wieder auf die beiden Füße.

Pass auf, dass du die Beine gut unter dem Körper durchziehst.

Der Schmidt-Tipp

Bitte in deinem eigenen Interesse beim Absprung auf den richtigen Schwung achten, sonst krachst du unkontrolliert zwischen der Sitz- und Rückenlandung oder bei zu viel Schwung auf den Nacken. Das erfordert natürlich Mut. Wenn du die Möglichkeit hast, nutze eine weiche Matte.

NEXT LEVEL
BARANI

#22

A

Barani a, das ist ein Salto gestreckt vorwärts mit einer halben Schraube. Dafür musst du schon einen gestreckten Salto vorwärts können und im richtigen Moment durch Verlagerung deiner Körperachse die halbe Schraube einbauen.

Uuuups, spätestens jetzt bist du beim Next Level angekommen. Die Kombination aus Timing, perfekter Armführung und Stoppen der Schraubenbewegung mit fließendem Übergang zur Landung auf beiden Füßen führt zum Erfolg.

Zur Vorbereitung den Salto vorwärts und nach der Landung sofort eine halbe Drehung anschließen.

Jetzt zum Barani: Aufrecht mit Armen in Hochlage und viel Druck auf der Ferse nach oben abspringen und den Salto vorwärts gestreckt umsetzen (siehe Salto vorwärts a Seite 71). Denk dran, der Schwung kommt aus der Hüfte und deinen Hacken (Fersen), nicht aus den Armen!

Im Gegensatz zum Vorwärtssalto am besten ein klein wenig nach vorne springen, das macht die Sprungausführung etwas leichter. Das bedeutet aber auch, dass du auf dem Tuch genug Platz für die Landung brauchst und der Begrenzung nicht zu nahe kommst.

Die Körperspannung ist wichtiger denn je, wenn du die halbe Schraube einleitest, nachdem du kopfüber gestreckt in der Luft schwebst.

Um eine Rotation einzuleiten, führst du bei einer Linksschraube den rechten Arm seitlich am Körper nach vorne und ziehst die linke Schulter nach hinten. Bei einer Rechtsschraube das Ganze entsprechend mit dem linken Arm und der rechten Schulter. So verlagerst du deine Achse.

Nachdem du deine Schraube durch die Arme minimal eingeleitet hast, legst du beide Arme am besten seitlich an den Körper an. Im Optimalfall wirst du die ganze Zeit unter dir das Trampolin sehen und kannst die Ladung vorbereiten. Vor der Landung auf beiden Füßen die halbe Schraube sauber ausdrehen, bis du 180 Grad in die andere Richtung schaust, von der aus du losgesprungen bist.

Der Schmidt-Tipp

Wenn du jumpst, suche dir einen Fixpunkt auf dem Tuch. Du merkst schnell, dass du dich besser orientierst und nicht irgendwo landest. Denke nicht zu sehr über die Schraubenrichtung nach oder versuche, es wie einen Radschlag umzusetzen. Dann wird es nämlich technisch falsch! Springe nach oben ab und versuche, dass sich deine Fersen „überholen" und dich um den Kopf drehen. Nimm dir am besten eine Trainerin oder einen Trainer zur Seite, der die Übung mit dir durchgeht.

NEXT LEVEL

BARANI

#23

Lies dir den Barani a gut durch. In der gebückten Variante ist auf Folgendes zu achten:

Salto vorwärts b wie gehabt, nur jetzt musst du vor dem höchsten Punkt die halbe Schraube mit der Öffnung einleiten. Zum Absprung sind beide Arme senkrecht nach oben gestellt, nachdem du das Trampolin verlassen hast, gehen deine Fingerspitzen in Richtung deiner Fußspitzen. Du bückst deinen Körper kurz an, beginnst sofort danach mit der Streckung und leitest mit den Armen und Schultern die halbe Schraube ein.

Denke nicht zu kompliziert! Wenn du schon so weit bist, schaffst du auch die halbe Schraube. Im Endergebnis sollte der letzte halbe Salto genauso wie beim Barani a aussehen, und du kannst deine Landung vorbereiten.

BARANI

C

#24

Unschwer zu erraten, der Salto gehockt vorwärts mit einer halben Schraube. Wenn du a und b kannst, wirst du als Jumper mit diesem Sprung keine Schwierigkeiten haben.

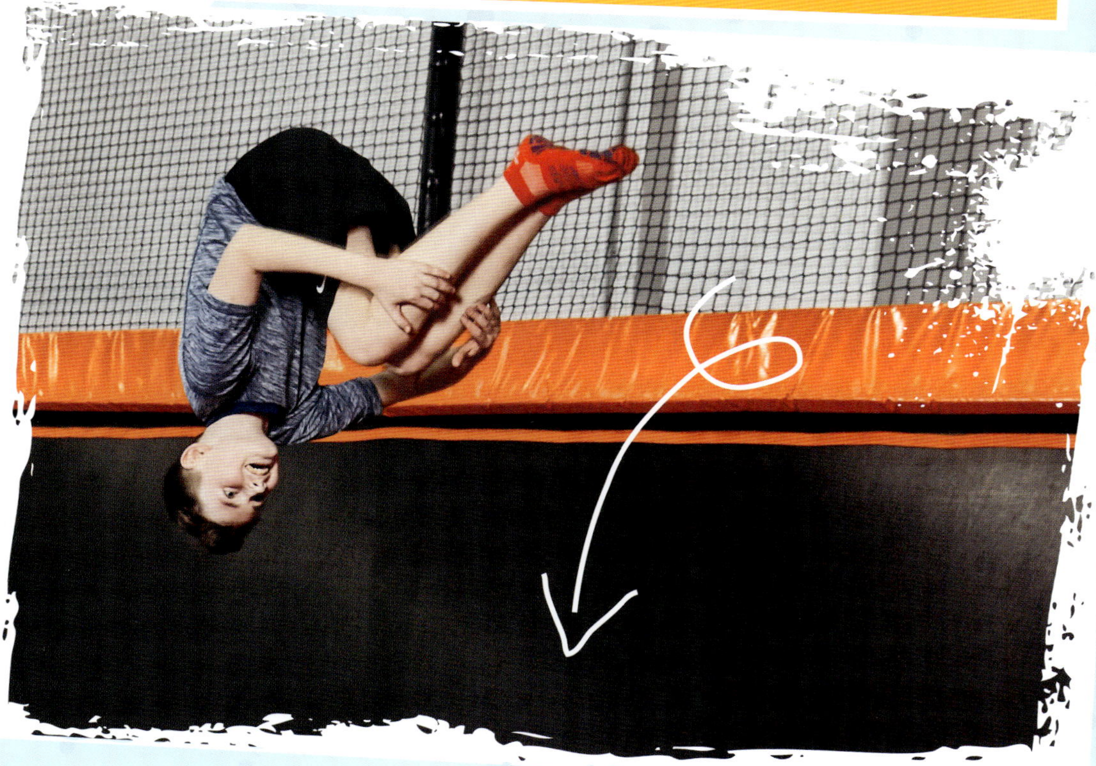

NEXT LEVEL

SCHRAUBENSALTO

#25

Salto rückwärts mit einer ganzen Schraube! Bevor du diesen Jump turnst, springe noch ein paarmal den Salto rückwärts a (siehe Seite 68). Achte darauf, dass du beim Absprung aus der Hüfte heraus genug Power hast und mit Schwung in den Salto kommst. Eine super Vorübung ist auch der Salto a mit gestreckten Armen: Sie solllen oben bleiben und nicht seitlich an den Körper angelegt werden. Den Stunt wirst du für die Schraube brauchen.

Große Überraschung: 1, 2 … **Sprung bei 3 mit gestellten Armen.** Dann folgt der gestreckte Salto rückwärts. Um nun die Schraube einzuleiten, musst du kurz nach dem Absprung nacheinander die Arme runterführen zum Körper. Der Linksschrauber startet mit dem linken Arm, der Rechtsschrauber mit dem rechten Arm. Zusätzlich achte darauf, dass du am besten unter dem jeweiligen Arm etwas den Kopf zur Seite eindrehst. Denn Kopf steuert Rumpf! Fängt der Körper nun an, sich zu drehen, machst du alles richtig. Sobald dein Körper in die Rotation kommt, führe den anderen Arm nach und lass die Schraube laufen.

Durch die Körperspannung und die feste Position drehst du dich schneller und hast dich kurz nach dem höchsten Sprungpunkt einmal gedreht. Die Öffnung findet durch das Anheben der Arme statt. Je schneller du drehst, desto mehr müssen deine Arme die Rotation durch eine Gegenbewegung ausbremsen. Optimal bleibt der Körper die ganze Zeit gestreckt, indem du deinen Po anspannst und deine Füße zusammen bleiben.

Bitte nicht durchdrehen, oder doch? ;). Sei nicht ungeduldig, wenn statt einer ganzen anfangs nur eine halbe Schraube herauskommt. Manchmal weißt du kopfüber in der Luft auch nicht rechtzeitig, in welcher Sprungphase du dich gerade befindest. Das ist irgendwie ja auch kein Wunder. Mit der Zeit verbesserst du deine Haltung, damit die Drehung und das Timing und bekommst damit genug Zeit, um die Schraube durchzudrehen. Wenn die Aufteilung der Schraube läuft, wirst du schnell merken, dass du kurz nach dem höchsten Punkt die ganze Zeit das Trampolin unter dir sehen kannst.

NEXT LEVEL

Der Schmidt-Tipp

Mädels, Jungs: Bitte konzentriert euch weiter und geht lieber mal ein, zwei Level zurück und habt Geduld mit euch. Versucht zu vermeiden, mit zu viel Schraubenrotation zu landen. Hohes Verletzungsrisiko!

Je früher die Schraube fertig ist, desto besser kannst du die Landung vorbereiten! Durch die Schraubenbewegung wird der Salto schneller.

Also lieber weniger Saltoschwung einplanen für den Schraubensalto.

NEXT LEVEL
RUDOLPH

#26

Ja ja, der Rudolph, auch Rudi genannt. Oh Wunder, der Jump hat seinen Namen durch einen Sportler erhalten, der Rudolph hieß. Dieser Next-Level-Sprung ist ein gestreckter Salto vorwärts mit eineinhalbfacher Schraube. Um den zu packen, solltest du, so empfehlen dir erfahrene Trainer und JUMP & FUN, den Barani a perfekt beherrschen und ein gutes Gefühl für Schraubenrotationen haben.

Bitte gut konzentrieren und mit gestellten Armen zum Salto vorwärts abspringen. Kurz nachdem du das Trampolin verlassen hast, beginnst du mit den bereits gelernten Moves (Armführung links-rechts), um die Schraube einzuleiten. Um dich wirklich 1,5-mal um die Achse zu drehen, ist eine sehr schnelle, exakt in der Achse geturnte Schraube notwendig.

Je gerader der Körper ist und je enger die Arme am Schwerpunkt liegen, desto schneller drehst du dich. Einen Überblick zu behalten, ist anfangs nicht leicht, das heißt üben, üben, üben!

Auch hier heißt es wieder die Schraubendrehung ausbremsen, indem du die Arme vom Körper auseinander streckst. Die Endphase sollte dann wieder ähnlich wie beim Barani sein, dass du unter dir das Trampolin siehst und du mit Körperspannung landest.

JUHU

Der Schmidt-Tipp

Du schaffst das mit der richtigen Portion Vorsicht und Respekt! Geh den Jump vor dem Sprung in allen Phasen immer wieder im Kopf durch. Hier ist das Wichtigste die Armtechnik, um die Schraube geschmeidig einzuleiten.

#27

NEXT LEVEL
DOPPELSALTO

Der Doppelsalto ist definitiv ein guter Grund, in die nächste Gym mit Schaumstoffgrube zu gehen. Wir zeigen dir in JUMP & FUN die Variante rückwärts c. Logischerweise solltest du den einfachen Salto rückwärts c bereits mehrfach perfekt auf das Tuch bekommen haben.

Arme hoch, mit guter Power Schwung holen, Hüfte vorschieben und nach oben abspringen. Konkret heißt das für dich: die Arme zum Absprung lang über deinem Kopf halten, die Hüfte vorschieben und die Beine nach dem Absprung möglichst schnell anhocken. Dann machst du dich klein wie eine Kugel, um schnell zu drehen. Achte auf den Zeitpunkt, wann du deine Knie wieder loslässt, um die Landung vorzubereiten. Das wird anfangs nicht in Vollendung funktionieren, weil das Timing für die Öffnung auf den Punkt stimmen muss. Doch es ist nicht schlimm, wenn du durch zu wenig oder zu viel Schwung erst einmal auf dem Rücken oder allen vieren landest.

Daher sollst du diesen Stunt ja auch in den weichen Schaumstoff oder auf eine Matte springen.

AROUND

Der Schmidt-Tipp

Ein erfolgreicher Doppelsalto – vor allem rückwärts – ist gleich in mehrfacher Hinsicht eine Kopfsache. Ein richtiger Absprung nach oben ist das A & O bei diesem Sprung. Damit es dir leichter fällt, versuche deine Ohren mit den langen Armen einzuklemmen und achte darauf, dass dir die Knie beim Absprung nicht nach vorne ausweichen. Um den Zeitpunkt der Öffnung besser zu treffen, arbeite gerne mit einem Trainer oder Partner, der dir ein akustisches Signal gibt. Anfangs erfordert der Doppelsalto natürlich Mut.

BABYFLIFFIS

#28

Die kleine Version des Fliffis wird als 1 1/4 oder auch 5/4 Salto mit einer halben Schraube vorwärts geturnt.

Du kannst den 3/4 vorwärts und hast dir schon mal den Barani angeschaut? Das sind die besten Voraussetzungen für einen Babyfliffis, denn für diesen Sprung – immerhin ein Stunt der Marke Next Level – brauchst du eine gewisse Sprungerfahrung.

Letztendlich musst du für den Babyfliffis aus der Rückenlage starten. Dafür eignet sich am besten der 3/4 Salto vorwärts auf Seite 74. Nun springst du nicht nur vom Rücken einfach in den Stand, sondern musst 1 1/4 Salto plus eine halbe Schraube schaffen. Dies erreichst du, wenn du aus dem Rücken zunächst einen Salto vorwärts bis wieder zum Rücken machst. Fällt es dir leicht, versuche, nicht auf dem Rücken zu landen, sondern mit etwas mehr Schwung auf den Füßen.

Nun fehlt nur noch die halbe Schraube. Die packst du genauso wie beim Barani c. Step für Step umgesetzt, und zack, bist du fertig.

Der Schmidt-Tipp

Wer den Babyfliffis machen möchte, sollte den 3/4 Salto vorwärts auf Seite 74 und den Barani c auf Seite 81 einfach kombinieren. Für Babys ist er allerdings nichts! Versuche aus dem Rücken erst Höhe zu gewinnen, dann die Knie umfassen und den Rest wie beim Barani auf Seite 78.

SUPERBABY/
RIESENBABY

NEXT LEVEL

Ein lustiger Name, aber anspruchsvoller Sprung. Zum genauen Ablauf schaue dir den Babyfliffis und den normalen Fliffis an. Denn bei dem Superbaby/Riesenbaby machst du aus dem Rücken 2 1/4 Saltos mit einer halben Schraube.

Also nichts für Anfänger!

Hierfür benötigst du mehr Höhe und Power. Der Einstieg ist genau wie beim Babyfliffis, aber dann machst du in der Luft noch einen weiteren Salto. Die Ladung ist dann genau gleich.

Der Schmidt-Tipp

Diesen Sprung sollte man nur mit einem Trainer und auf einem guten Trampolin üben.

FLIFFIS

#29

NEXT LEVEL

Von den Füßen ein Doppelsalto vorwärts gehockt mit einer halben Schraube:
Das ist der Fliffis, der bei den Wettkämpfen auch schon mit einem höheren Schwierigkeitsgrad bewertet wird.

Der Schmidt-Tipp

Hierfür benötigst du schon viel Training, Höhe und am besten eine Schaumstoff-grube oder Sicherheits-matte. Denke erst an den Doppelsalto vorwärts und im zweiten Salto kommt die halbe Schraube.

Wichtig: Nach dem Doppelsalto vorwärts, für den du schon eine saftige Sprunghöhe brauchst, lieber erst bei 5 mit ordentlich Dampf aus der Ferse und der Hüfte heraus jumpen, den Doppelsalto-Stunt ge-hockt ausführen, möglichst spät mit der Schulter je nach Wunsch links oder rechts in die halbe Schraube drehen und dann in entgegengesetzter Blickrichtung zum Absprung im Stand landen.

Versuche dabei, ob dir die Landung mit gestreckten oder seitlichen Armen stabiler gelingt.

CAT TWIST

SPASS-SPRUNG

YES! Du landest auf dem Rücken, danach folgt eine Schraube in der waagerechten Achse, und dann landest du wieder auf dem Rücken. Als Vorübung kannst du einen Rückensprung (Seite 62) mit einer halben Drehung und viel Körperspannung in den Bauch probieren.

Wenn du danach die komplette Schraube hinbekommen möchtest, brauchst du eine schnelle Rotation. Diese leitest du ein, indem du beispielsweise bei einer Linksdrehung versuchst, unter dem linken Arm durchzuschauen.

Der Schmidt-Tipp

Kopf steuert Rumpf: Auch wenn es lustig aussieht, aber hier hilft es, als würdest du an deiner Achsel riechen wollen. So dreht der Körper besser. Wichtig ist aber auch, dass du die Hüfte hebst, um so gestreckt wie möglich zu sein.

#31

SPASS-SPRUNG
MUFFEL

Ein Muffel ist per Definition eigentlich ein mürrischer Mensch. Solltest du also mal schlechte Laune haben, spring den Muffel, dann hast du Spaß. Der Trick für lazy Jumper gehört ganz klar zur Kategorie easy, also leicht.

Die Aufgabe: Einen 3/4 Salto rückwärts aus dem Rücken zum Stand bzw. aus dem Rücken Salto rückwärts zum Rücken turnen. Du fängst mit dem Rückensprung an (siehe Seite 62), stehst danach aber nicht wieder auf, sondern lässt die Beine über deinen Kopf nach hinten kippen. Durch den Schwung, den du zum Rückensprung mitgenommen hast, passiert der 3/4 Salto rückwärts zu den Füßen fast von alleine. Das ist wie eine Rolle rückwärts, nur ohne Arme. Diese sind bei der Landung seitlich am Oberschenkel. Die Rollbewegung nach hinten kannst du auch auf der Matte oder gleich auf dem Tuch im Sitzen ausprobieren.

Schmidt-Tipp

Der Muffel bzw. Pull-over ist ein ultimativer lazy Spaß-Jump, um dich für einen Rückwärtssalto vorzubereiten. Es reichen schon geringe Sprunghöhen aus. Trau dich ruhig, in der Rückenlage die Füße über den Kopf zu bewegen. Achte darauf, dass du dir nicht die Knie ins Gesicht haust.

BOMBE/PAKETSALTO

#32

Du erinnerst dich an deine letzte Arschbombe im Wasser? Diese wunderbare Erfahrung kannst du beim Jump einfließen lassen ... ;))))

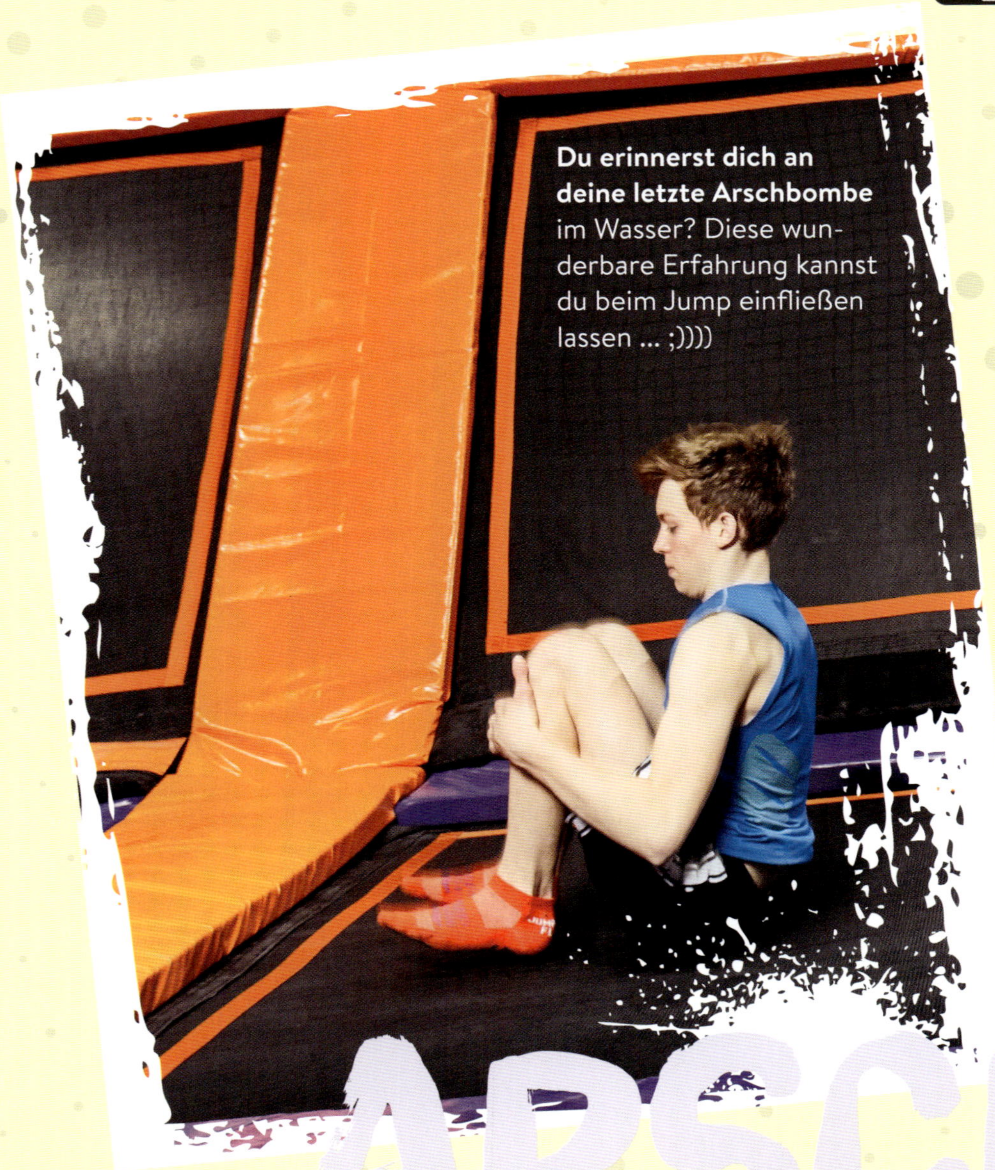

ARSCH

Step 1: Ein Hocksprung aus dem Stand (Seite 49), gehockt mit den Händen unterhalb der Knie auf das Tuch, das Kribbeln am Po spüren und in den Rücken fallen lassen.

Step 2: Wie Step 1. Und wenn du nach der Arschbombe mit festem Hintern genug Höhe schaffst, den Schwerpunkt nach hinten verlagern, Körperspannung halten, kopfüber rückwärts in den Stand jumpen. Die Landung? Natürlich auf beiden Füßen.

Der Schmidt-Tipp

Habe Mut und halte deine Knie fest umschlossen. Dann landest du wie ein festes Paket, und der Rest sollte von alleine passieren.

BOMBE

DIE BESTEN
BATTLE- UND
PARTYGAMES

SITZ-BAUCH

  **#33**

Wer ist der Winner?
Bei diesem Battle findest du mit deinen Freundinnen und Freunden heraus, wer die meisten Jumps schafft und damit am längsten durchhält ... los geht's!

BE THE BE(A)ST

Wenn Ihr zu zweit seid, ist es ganz einfach. Seid ihr mehrere Jumper auf dem Tuch, sucht euch aus, wer zuerst gegen wen antritt. Der Sieger aus einem Paar kann sich gegen die nächste Herausforderin bzw. den nächsten Herausforderer beweisen.

Bei Sitz-Bauch stellt sich jeweils pro Trampolin bitte ein Paar gegenüber auf. Jeder hat einen Sprungbereich mit ausreichend Abstand von dem anderen. Ihr dürft euch nicht berühren! **1, 2 ... und los bei 3!** Dann wechselt ihr vom Sitzsprung (siehe Seite 52) direkt in die Bauchlandung und vom Bauch wieder zurück in den Sitz. Die Beine beim Sitz immer schön strecken, die Hände sind neben dem Po, die Fingerspitzen zeigen nach vorne uuuuuuuuund wieder zurück. Beine verknoten gilt nicht, stattdessen nach der Bauchlandung mit möglichst hoher Körperspannung die Beine unter dem Körper herumziehen und erneut im Sitz landen. Das ist ganz schön anstrengend. Klärt vor dem Battle ab, wer mitzählt und den Sieger eines Paares nennt. Der Gesamtsieg wird mindestens mit einem Eis belohnt (hier sind die Eltern oder Großeltern aufgefordert!).

#34 SITZ-HALBE-SITZ

Alles nice, und du weißt, wie der Jump geht? Na dann, los. Luft holen und mehr Jumps als alle anderen durchziehen. Natürlich kannst du mit deinen Freundinnen und Freunden auch Teams bilden, und jeder schickt einen Jumper auf das Tuch. Entweder nacheinander oder nebeneinander auf zwei Trampolinen.

Battle Step: So oft direkt hintereinander ohne Pause wiederholen, bis du deine Beine nicht mehr auf die andere Seite bekommst. **Wer hat mehr geschafft?**

SEILSPRINGEN
AUF DEM TRAMPOLIN

#35

Seilspringen ist was für Mädels? Stimmt, genauso wie für Jungs. Du kannst auch auf festem Boden nicht Seilspringen? Vergiss es! Wenn doch, geht einfach mal aufs Tuch, und du wirst merken, dass das ganz schön wackelig werden kann. Nach ungefähr 100 Jahren Training bist du bereit für einen Battle.

Einfach Seilspringen? Ist doch langweilig! Besser: Wie oft kannst du das Seil bei einem Sprung drehen? Durch die kleinen, kontrollieren Sprünge „stehst" du ganz klar länger in der Luft. Wer mehr als drei Mal hinbekommt, ist schon cool, mehr ist mega. Wenn du Probleme hast, erst einmal auf festem Boden Doppelsprünge üben. Passt aber auf, dass ihr trotzdem vernünftig landet.

WECHSELSPRINGEN

BATTLES & GAMES

Zwei Jumper*innen sind gleichzeitig auf dem Trampolin und landen immer abwechselnd. Ansonsten katapultiert man den anderen vom Trampolin. Der eine macht einen Sprung vor, der andere versucht, ihn direkt nachzumachen. Kombiniert alle möglichen Sprünge, ohne euch dabei zu berühren.

BATTLES & GAMES

KOFFERPACKEN

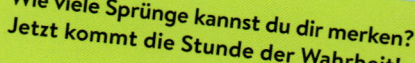

Wie viele Sprünge kannst du dir merken? Jetzt kommt die Stunde der Wahrheit!

Beim Kofferpacken auf dem Sprungtuch macht ihr richtig Party. Du stellst dich mit deinen Freundinnen und Freunden rund um, nicht auf das Tuch. Auslosen, in welcher Reihenfolge ihr springt, und eine bzw. einen ausdeuten, wer die Schiedsrichterin bzw. den Schiedsrichter spielt. Eine bzw. einer macht einen Sprung vor, der oder die Nächste merkt sich den Stunt und fügt noch einen eigenen weiteren Sprung hinzu.

Danach ist der/die Nächste dran, springt erst alle gezeigten Sprünge in der richtigen Reihenfolge und fügt selbst wieder einen Sprung hinzu. Wiederholungen sind erlaubt: So geht es immer weiter reihum. Man scheidet aus, wenn man die falsche Reihenfolge springt oder etwas vergisst.

Der/die Letzte ist der Gewinner.

STUNDE DER WAHRHEIT

LIEBE ELTERN,
GROSSELTERN, ONKEL, TANTEN, NACHBARN ...

... kurz: Liebe Erwachsene, haben Sie schon ein Trampolin zu Hause, im Garten, oder gehen Sie mit den Kids in die Jump Halls, um mal wieder so richtig Spaß zu haben? Ja? Sehr gut, es gibt viele gute Gründe, das Erlebnis zu intensivieren. Wenn Ihr Haushalt trampolinfrei ist, schenken Sie sich und Ihren Liebsten doch sinnvolle Freude, schauen Sie in die glücklichen Gesichter und machen Sie doch einfach mit! Geht nicht? Der Rücken, der Arm, der Fuß und überhaupt. Auf dem Trampolinnetz gibt es keine Ausreden, denn Sie können mit ganz kleinen Übungen anfangen. Genauso wie die Kinder. Es wird allen guttun.

Normalerweise ist das, was Spaß macht, leider nicht gesund. Das ist beim Trampolinspringen ganz anders, wenn man mit der gebotenen Vorsicht springt und die Hinweise in diesem Buch beachtet. Trampolinspringen wirkt sich positiv auf den ganzen Körper und auf das Herz-Kreislauf-System aus. Es stärkt die Muskeln an den Beinen, im Rücken, Rumpf und am Schultergürtel. Die Knochen werden gefestigt, die Abwehrkräfte und die Konzentrations- und Koordinationsfähigkeit verbessert. Ebenso wie die Balance und das Reaktionsvermögen.

Noch mehr gute Gründe? Gerne. Auf dem Netz aktivieren Kinder und Erwachsene ihre Motorik, die Geschicklichkeit, selbst das Gedächtnis wird trainiert, weil die Abläufe exakt, schnell und strukturiert gefordert sind. Sogar das Lymphsystem wird angeregt, was die Entgiftung im Körper in Gang bringt.

WOOOOW!

AHA!

Es ist also kein Zufall, dass das Trampolin in zahlreichen Fitnessstudios eingesetzt wird. Um die Schokolade, den Kuchen, die Besprechungskekse auszugleichen oder künftig eine noch bessere Figur zu machen – das Trampolin ist ein adäquates Trainingsgerät für alle Fälle: 35 bis 40 Kilokalorien werden in 10 Minuten verbrannt.

Wenn Sie den Platz haben, schaffen Sie sich also ein Trampolin an. Was beim Kauf zu beachten ist, haben wir in diesem Buch nur kurz angerissen. Bitte wenden Sie sich zudem an den Händler Ihres Vertrauens. Überlegens Sie sich, ob ein Minitrampolin schon ausreicht und Sie mit der Familie lieber öfter in die Jump Hall gehen. Natürlich ist nicht jede Übung auf einem Minitrampolin möglich, einige sogar gefährlich. Doch das Risiko ist überschaubar und bei keiner Bewegungsart völlig auszuschließen. Und für die ersten Übungen reicht ja sogar ein Kissen (siehe Seite 16). Egal, wo und wie Sie sich in die die Lüfte schrauben:
Springen Sie los.

WAS DU ÜBER TRAMPOLINE WISSEN SOLLTEST

Trampolin ist nicht gleich Trampolin:

- Da gibt es das Trampolin für den Wettkampf, das auch Batude genannt wird. Das Sprungtuch ist rechteckig.
- Das Gartentrampolin ist in zahlreichen Größen erhältlich, oft rund und hoffentlich mit einem Sicherheitsnetz versehen. Worauf du hierbei achten solltest, liest du in diesem Kapitel.
- Minitrampoline sind rund, klein, echte Spaßbringer, aber sicher nicht für jeden Sprung oder gar Saltos geeignet. Deine Eltern hüpfen auch drauf rum, um sich zu entspannen oder ein paar Pfunde zu verlieren.
- Das Minitramp ist oft eine Ergänzung, beispielsweise beim Geräteturnen. Gibt's auch als Doppel-Minitramp-Version.
- Trampoline zum Aufblasen kennst du aus deiner Kindheit.
- Das Bungee-Trampolin, also Trampolin mit einer Bungeeseil-Konstruktion, ist nicht so bekannt.

Du bekommst ein Gartentrampolin?

Bitte deine Eltern, dass sie zu deiner Sicherheit auf diese Punkte achten:
Die wichtigsten Prüfsiegel vom TÜV (Technischer Überwachungsverein), GS, CE und ein Sicherheitsnetz sind Grundvoraussetzung. Beim Einsatz im Garten sind Bodenverankerungen wichtig, denn so wird verhindert, dass das Gerät beim Sprung oder auch einfach bei heftigem Wind umfällt. Das Trampolin muss stabil auf einer ebenen Fläche stehen! Wie groß die Sprungfläche ist, ist natürlich eine Frage des Platzes und des Geldbeutels. Viele Gartentrampoline haben einen Durchmesser zwischen 3 und 4 Metern, die kleineren fangen bei knapp 2 Metern an, die großen haben auch schon mal 6 Meter.

Da das Gartentrampolin – wie der Name ja so schön besagt – im Garten, also im Freien steht, muss es regelmäßig überprüft werden.

Bei der Auswahl der passenden Minitrampolins ist die Qualität der Federn oder der Gummibänder entscheidend. Beide wirken sich auf die Elastizität und somit direkt auf die Gelenke aus. Schau mit deinen Eltern auf die angegebene Gewichtsklasse, vor allem, wenn Erwachsene auch mitspringen wollen.

Die vieldiskutierte Frage, ob Stahlfedern oder Gummibänder besser sind, ist leicht zu beantworten: Wer schwitzen und abnehmen, also Fett verbrennen will und eher ein paar Kilos mehr auf die Waage bringt, nimmt die Federn, wem es eher um Spaß und sanfte Bewegungen geht oder wenn mehr oder weniger ausschließlich Kinder darauf springen, die sanfteren Gummibänder.

JUMP HALLS –
GIBT'S AUCH IN DEINER NÄHE!

DEUTSCHLAND

BADEN-WÜRTTEMBERG

Jump4All Ladenburg
Industriestraße 5,
68526 Ladenburg
+49 (0) 6203 955 10 15
heidelberg@jump4all.de
www.jump4all.de/heidelberg-
ladenburg

Sprungbude Heidelberg
Harbigweg 1–3,
69124 Heidelberg
+49 (0) 6221 60 21 06
info@sprungbude-heidelberg.de
www.sprungbude-heidelberg.de

Sprungbude Bad Cannstatt
Ziegelbrenner Str. 17,
70374 Stuttgart
+49 (0) 711 90 79 32 10
info@sprungbude.de
www.sprungbude.de/bad-cannstatt

Sprungbude Filderstadt
Im Weilerhau 6,
70794 Filderstadt
+49 (0) 711 18 42 90 80
info@sprungbude-filderstadt.de
www.sprungbude-filderstadt.de

Funpark Backnang
Donaustraße 3,
71522 Backnang
+49 (0) 7191 89 93 36
info@funpark-backnang.de
www.funpark-backnang.de

MEGA Jump Schwäbisch Hall
Breiteichstraße 63,
74523 Schwäbisch Hall
+49 (0) 791 83 84
mail@sportmegadrom.de
www.megajump-sha.de

Sprungpark Remchingen
Dajasstraße 100,
75196 Remchingen
+49 (0) 7841 508 30 15
hallo@sprungpark.de
www.remchingen.sprungpark.de

**Sprung-Park Offenburg
Freizeit-Arena (Messehalle 1),**
Schutterwälder Straße 3,
77656 Offenburg
+49 (0) 7841 508 30 20
info@euroviva.de
www.sprung-park.de

Jumping Dome Schutterwald
Seestraße 18,
77746 Schutterwald
+49 (0) 781 524 02
info@jumpingdome.de
www.jumpingdome.de

Spring! Trampolinpark Kenzingen
Salzmatten 2a,
79341 Kenzingen
+49 (0) 7644 920 90 40
info@spring-trampolinpark.de
www.spring-trampolinpark.de

Fundorena Feldberg
Dr.-Pilet-Spur 11,
79868 Feldberg
+49 (0) 7676 186 90
kontakt@fundorena.de
www.fundorena.de

Jump Town Bad Saulgau
Schützenstraße 59,
88348 Bad Saulgau
+49 (0) 176 45 82 75 83
info@jumptownbadsaulgau.de
www.jumptownbadsaulgau.de

Jump4All Ulm
Eberhard-Finckh-Str. 47,
89075 Ulm
+49 (0) 731 94 05 65 00
ulm@jump4all.de
www.jump4all.de/ulm

BAYERN

AirHop Trampolinpark München
Ingolstädter Straße 172,
80939 München
+49 (0) 89 70 80 99 07
info-muenchen@airhoppark.de
www.airhop-muenchen.de

GravityLab München
Flößergasse 4a,
81369 München
+49 (0) 89 78 00 51 89
info@gravitylab.de
www.gravitylab.de

Free Arts of Movement
ErlebnisKraftwerk
WERK 5, Piusstraße 26,
81671 München
+49 (0) 151 / 57 64 02 81
info@fam-muenchen.de
www.freeartsofmovement.com

Superfly München
Martin-Kollar-Straße 4,
81829 München
+49 (89) 954 57 65 60
muenchen@superfly.de
www.superfly.de/muenchen

MAXX Arena Kirchheim/München
Hürderstraße 4,
85551 Kirchheim bei München
+49 (0) 8071 103 51 50
info@maxxarena.com
www.maxxarena.com

Jump Town Augsburg
Gubener Str. 4,
86156 Augsburg
+49 (0) 821 34 63 66 00
info@jumptownaugsburg.de
www.jumptownaugsburg.de

SPIDAMONK
Ninja Parkour Augsburg
Bergiusstraße 5,
86199 Augsburg
+49 (0) 821 543 39 27
spidamonk@gmx.de
www.spidamonk-ninja-parkour-augsburg.de

AIRTIME Trampolinpark Nürnberg
Klingenhofstraße 70,
90411 Nürnberg
+49 (0) 911 310 41 00
info@airtimetrampolin.de
www.airtimetrampolin.de

Kanguru Trampolin (I) Nürnberg
Regelsbacherstraße 56,
90431 Nürnberg
+49 (0) 163 339 83 66
info@kangurutrampolin.de
www.kangurutrampolin.de

Kanguru Trampolin (II) Nürnberg
Kurt-Schmidtpeter-Weg 10,
90471 Nürnberg
+49 (0) 163 339 83 66
info@kangurutrampolin.de
www.kangurutrampolin.de

Jump4All Langenzenn
Sportplatzstraße 13,
90579 Langenzenn
+49 (0) 9101 14 14
fuerth@jump4all.de
www.jump4all.de/fuerth-langenzenn

SkyandSand Würzburg
Delpstraße 4,
97084 Würzburg
+49 (0) 9391 66 68 79 66
info@skyandsand-wuerzburg.de
www.skyandsand-wuerzburg.de

Frankenhüpfer Uffenheim
Südring 31,
97215 Uffenheim
+49 (0) 9842 953 10 05
info@frankenhuepfer.de
www.frankenhuepfer.de

BERLIN/BRANDENBURG

JumpUp TrampolinPark Cottbus
Gubener Str. 17,
03042 Cottbus
+49 (0) 355 / 75 57 76 00
info@trampolinpark-lausitz.de
www.trampolinpark-lausitz.de

SPRUNG.RAUM Tempelhof
Malteserstraße 139–142,
12277 Berlin
+49 (0) 30 754 48 80 90
berlin@sprungraum.de
www.sprungraum.de/berlin

JUMP3000 Berlin
Landsberger Straße 217–218,
12623 Berlin
+49 (0) 30 92 03 00 03
info@jump3000.de
www.jump3000.de

MYJUMP Berlin Ost
Allee der Kosmonauten 30,
12681 Berlin
+49 (0) 1520 468 09 74
berlinost@myjump.de
www.myjump.de/myjump-ost

MYJUMP Berlin Nord
Königshorster Straße 11–13,
13439 Berlin
+49 (0) 30 41 40 88 88
berlinnord@myjump.de
www.myjump.de/myjump-nord

JUMP House Berlin
Miraustraße 38,
13509 Berlin
+49 (0) 30 40 90 36 16
info-berlin@jumphouse.de
www.jumphouse.de/berlin

MYJUMP Frankfurt/Oder
Böttnerstraße 4,
15232 Frankfurt (Oder)
+49 (0) 1579 235 82 13
frankfurt@myjump.de
www.myjump.de/myjump-frankfurt-oder

FunJump Bernau
An der Tränke 30,
16321 Bernau
+49 (0) 3338 60 55 49
info@funjump-bernau.de
www.funjump-bernau.de

BREMEN

JUMP House Bremen
AG-Weser-Straße 3,
28237 Bremen
+49 (0) 421 377 08 90
info-bremen@jumphouse.de
www.jumphouse.de/bremen

HAMBURG

SPRUNG.RAUM Hamburg
Am Neumarkt 38 C,
22041 Hamburg
+49 (0) 40 60 95 38 50
hamburg@sprungraum.de
www.sprungraum.de/hamburg

JUMP House
Hamburg-Poppenbüttel
Poppenbütteler Bogen 46,
22399 Hamburg
+49 (0) 40 309 89 51 00
info-poppenbuettel@jumphouse.de
www.jumphouse.de/hamburg/poppenbuettel

JUMP House Hamburg-Stellingen
Kieler Str. 572,
22525 Hamburg
+49 (0) 40 540 70 11
info-stellingen@jumphouse.de
www.jumphouse.de/hamburg/stellingen

Jumping Point Quickborn
Harksheider Weg 226,
25451 Quickborn
+49 (0) 4106 627 56 80
mail@jumping-point.com
www.jumping-point.com

HESSEN

Jump'n Fly Trampolinpark
Gießen-Linden
Theodor-Heuss-Straße 18,
35440 Linden
+49 (0) 6403 917 95 57
info@jumpnfly-giessen.de
www.jumpnfly-giessen.de

JUMP FABRIK Künzell
Alfons-Schwab-Straße 2,
36093 Künzell
+49 (0) 661 93 36 76 57
info@jump-fabrik.com
www.jump-fabrik.com

Cosmic Arena Petersberg-Marbach
Josef-Damian-Schmitt-Straße 3,
36100 Petersberg
+49 (0)661 96 25 44 90
info@cosmic-arena.de
www.cosmic-arena.de

SpassQuadrat Ober-Mörlen
Dieselstraße 17,
61239 Ober-Mörlen
+49 (0) 6002 60 65
info@spassquadrat.de
www.spassquadrat.de

360Jump Dietzenbach
Karl-Benz-Straße 5,
63128 Dietzenbach
+49 (0) 6074 696 93 79
hello@360jump.de
www.360jump.de

Jump'n Fly Trampolinpark Mörfelden
Dreieichstraße 15,
64546 Mörfelden-Walldorf
+49 (0)6105 276 35 60
info@jumpnfly.de
www.jumpnfly-rhein-main.de

Superfly Wiesbaden
Ostring 6 A,
65205 Wiesbaden
+49 (0) 611 23 68 43 50
wiesbaden@superfly.de
www.superfly.de/wiesbaden

JUMP'N FUN ARENA Limburg
Joseph-Schneider-Straße 1,
65549 Limburg an der Lahn
+49 (0) 6431 952 10
info@jumparena-limburg.de
www.jumparena-limburg.de

MECK-POMM

FLIP & FLY Rostock
Industriestraße 10 D,
18069 Rostock
+49 (0) 381 25 50 05 40
info@flip-fly.de
www.flip-fly.de

EasyJump Trampolinpark Schwerin
Ziegeleiweg 8 A,
19057 Schwerin
+49 (0) 385 20 09 64 44
info@easyjump.de
www.easyjump.de

NIEDERSACHSEN

JUMP/ONE Hannover
Weidendamm 2,
30167 Hannover
+49 (0) 511 21 35 78 70
hannover@jump-one.fitness
www.jump-one.fitness

Superfly Hannover
Vahrenwalder Straße 286,
30179 Hannover
+49 (0) 511 99 97 85 20
hannover@superfly.de
www.superfly.de/hannover

Jump XL Braunschweig
Wendebrück 20,
38110 Braunschweig
+49 (0) 5307 9807890
braunschweig@jump-xl.com
www.jump-xl.com/de/braunschweig

KÄNGUROOM Bad Harzburg
Tennisweg 62,
38667 Bad Harzburg
+49 (0) 5322 987 49 10
kontakt@kaenguroom.de
www.kaenguroom.de

UpSprung Osnabrück
Am Schürholz 6,
49078 Osnabrück
+49 (0) 0541 93 93 25 00
info@upsprung.de
www.upsprung.de

Sprungfrei Trampolinpark Lathen
Gerhard-Hugenberg Straße 9,
49762 Lathen/Fresenburg
+49 (5933) 924 487 0
info@sprungfrei.de
www.sprungfrei.de

NRW

Activity Park Paderborn
Pamplonastraße 15,
33106 Paderborn
+49 (0) 5251 777 36 90
info@activity-park.com
www.activity-park.com

Superfly Bielefeld
Babenhauser Straße 325,
33619 Bielefeld
+49 (521) 96 98 99 90
bielefeld@superfly.de
www.superfly.de/bielefeld

Jump Galaxy Düsseldorf
Willstätterstraße 12,
40549 Düsseldorf
+49 (0) 211 52 28 46 04
info@jumpgalaxy.de
www.jumpgalaxy.de

Superfly Düsseldorf
Kappeler Straße 126,
40599 Düsseldorf
+49 (0) 211 97 26 82 00
duesseldorf@superfly.de
www.superfly.de/duesseldorf

Hi-Fly Hilden
Kleinhülsen 29,
40721 Hilden
+49 (0) 2103 95 80 55
info@hi-fly.de
www.hi-fly.de/trampolinpark-hilden/
standort-hilden

Hi-Fly Mönchengladbach
An den Holter Sportstätten 1,
41069 Mönchengladbach
+49 (0) 2161 35 39 70
info-mg@hi-fly.de
www.hi-fly.de/trampolinpark-
moenchengladbach/standort-
moechengladbach

Trampolino | JumpClub
Gelsenkirchen
Kurt-Schumacher-Straße 157–161,
45881 Gelsenkirchen
+49 (0) 209 440 11
info@schalkersportpark.de
www.schalkersportpark.de/
trampolino

AirHop Trampolinpark Essen
Am Zehnthof 194,
45307 Essen
+49 (0) 201 53 69 99 93
info-essen@airhoppark.de
www.airhop-essen.de

Alma Park Gelsenkirchen
Almastraße 39,
45886 Gelsenkirchen
+49 (0) 209 95 70 94 00
info@alma-park.de
www.alma-park.de

TIGER JUMP Oberhausen
Zum Aquarium 2,
46047 Oberhausen
+49 (0) 208 / 412 46 10
info@tigerjump.de
www.tigerjump.de

Superfly Duisburg
Sternbuschweg 360,
47057 Duisburg
+49 (0) 203 39 51 17 60
duisburg@superfly.de
www.superfly.de/duisburg

NINFLY Münster
Robert-Bosch-Straße 16,
48153 Münster
+49 (0) 251 / 203 18 89 90
info@ninfly.de
www.ninfly.de

JUMP House Köln
Köhlstraße 10,
50827 Köln
+40 (0) 221 / 64 30 44 40
info-koeln@jumphouse.de
www.jumphouse.de/koeln

MOVE ARTISTIC DOME Köln
Girlitzweg 30,
50829 Köln
+49 (0) 221 933 33 70
service@mad-cologne.com
www.mad-cologne.com

Superfly Aachen
Roermonder Straße 55,
52134 Herzogenrath
+49 (0) 2406 995 99 80
aachen@superfly.de
www.superfly.de/aachen

SPRUNG.RAUM Köln/Bonn
Junkersring 28,
53844 Troisdorf
+49 (0) 2241 / 261 56 30
koeln@sprungraum.de
www.sprungraum.de/koeln

JUMP Freizeitwelt Sauerland
Auf dem Loh 12,
57392 Schmallenberg
+49 (0) 2972 97 85 55
info@freizeitwelt-sauerland.de
www.freizeitwelt-sauerland.de/jump

JumpKravt Witten
Mewer Ring 12,
58454 Witten
+49 (0) 2302 39 30 30
witten@jumpkravt.de
www.jumpkravt.de

RHEINLAND-PFALZ

Salto Koblenz
Im Metternicher Feld 1,
56072 Koblenz-Metternich,
+49 (0) 261 92 19 77 60
jump@saltokoblenz.de
www.saltokoblenz.de

Trampolin Jump Arena
Kaiserslautern
Kantstraße 38,
67663 Kaiserslautern
+49 (0) 631 / 62 46 05 09
info@trampolinjumparena.de
www.trampolinjumparena.de

Bacejump Landau
Albert-Einstein-Straße 8,
76829 Landau in der Pfalz
+49 (0) 6341 38 09 90
info@funpark-landau.de
www.bacejump.de

SAARLAND

Sprungpark Saarbrücken
In der Galgendell 56,
66117 Saarbrücken
+49 (0) 7841 63 07 37 87
saarbruecken@sprungpark.de
www.saarbruecken.sprungpark.de

flip Spiel- und Sportzentrum
Grubenstraße 8 A,
66287 Quierschied
+49 (0) 6825 80 17 17
info@flip1.de
www.flip1.de

Tramposaarium Bostalsee
Am Seehafen,
66625 Nohfelden
+49 (0) 176 73 74 94 13
wendtc8@gmail.com
www.tramposaarium.com

Trampolini
Saarwiesenring 8,
66663 Merzig
+49 (0) 6861 93 99 40
info@trampolini.de
www.trampolini.de

SACHSEN

Superfly Dresden
Siemensstraße 9,
01257 Dresden
+49 (0) 351 79 99 27 50
dresden@superfly.de
www.superfly.de/dresden

JumpUp TrampolinPark Hoyerswerda
Otto-Nagel-Straße 49,
02977 Hoyerswerda
+49 (0) 3571 60 06 74
info@trampolinpark-lausitz.de
www.trampolinpark-lausitz.de

JUMP House Leipzig
Markranstädter Straße 8 A,
04229 Leipzig
+49 (0) 341 / 33 97 53 39
info-leipzig@jumphouse.de
www.jumphouse.de/leipzig

Silberstromers FUNDORA
Am Filzteich 1,
08289 Schneeberg
+49 (0) 3772 350 26 20
info@fundora-schneeberg.de
www.fundora-schneeberg.de

JUMP`N PLAY Chemnitz
Reichsstraße 58,
09112 Chemnitz
+49 (0) 371 27 37 47 10
info@jumpnplay.de
www.jumpnplay.de

SprungArt Chemnitz Trampolinpark
Wladimir-Sagorski-Straße 20,
09122 Chemnitz
+49 (0) 371 24 00 47 08
info@sprungart.de
www.sprungart.de

SACHSEN-ANHALT

JUMP Trampolinpark Halle
Magdeburger Chaussee 47,
06118 Halle (Saale)
+49 (0) 1522 700 06 66
info@jump-halle.de
www.jump-halle.de

SkyFly Trampolinpark Magdeburg
Olvenstedter Graseweg 37,
39128 Magdeburg
+49 (0) 391 24 46 67 72
info@skyfly-magdeburg.de
www.skyfly-magdeburg.de

SCHLESWIG-HOLSTEIN

SPRUNG.RAUM Kiel
Schleiweg 10,
24106 Kiel-Wik
+49 (0) 431 88 82 22 10
kiel@sprungraum.de
www.sprungraum.de/kiel

Space Jump Neumünster
Friedrich-Wöhler-Straße 53,
24536 Neumünster
+49 (0) 4321 852 52 70
mail@spacejump.de
www.spacejump-trampolinpark.de

FUN ARENA
Heidekoppel 3–5,
24558 Henstedt-Ulzburg
+49 (0) 4193 88 20 50
info@funarena.info
www.fun-arena.info

THÜRINGEN

MYJUMP Thüringen
An der Lache 11,
99086 Erfurt
+49 (0) 361 23 00 95 20
erfurt@myjump.de
www.myjump.de/erfurt

ÖSTERREICH

Tiger's World Wien
Albert-Schweitzer-Gasse 6,
1140 Wien
+43 1 577 41 11
hallo@tigersworld.at
www.tigersworld.at

FLIB LAB Wien Millennium City
Wehlistraße 66,
1200 Wien
+43 720 90 00 60
wien@fliplab.at
www.fliplab.at

Danube Jumping Wien
Am Hubertusdamm,
1210 Wien
office@danubejumping.at
+43 660 523 77 48
office@danubejumping.at
www.danubejumping.at

JumpMAXX Wien21
Holzmanngasse 1,
1210 Wien
+43 1 996 11 00
www.maxx-e.com/jumpmaxx/wien21

JumpMAXX Wien23
Herziggasse 3,
1230 Wien
+43 1 996 11 00
ww.maxx-e.com/jumpmaxx/wien23h

FLIP LAB Schwechat
Möhringgasse 2–4,
2320 Schwechat
+43 1 226 60 33
schwechat@fliplab.at
www.fliplab.at/schwechat

Urban Air Adventure Park
Shopping City Süd
Am Südparkplatz des Multiplex,
2351 Wiener Neudorf
+43 1 386 03 86
hello@urbanair.at
www.urbanair.at

Sprungart Steinabrückl
Blätterstraße 1,
2751 Steinabrückl
+43 664 137 26 76
info@sprungart.at
www.sprungart.at

LolliPark Pasching
Tennispointstraße 1,
4061 Parsching
+43 7229 613 83
pasching@lollipark.at
www.lollipark.at

Indooraction funnymotion
Friedhofstraße 15,
4651 Stadl-Paura
+43 650 521 08 62
office@funnymotion.at
www.funnymotion.at

AIRPARC Stubai
StuBay Freizeitcenter
Telfer Landesstraße 1,
6165 Telfes
+43 5225 626 66 45
info@air-parc.com
www.airparc.com

FLIP LAB Innsbruck
Landesstraße 3,
6176 Völs
+43 720 90 01 02
innsbruck@fliplab.at
www.fliplab.at/innsbruck

AIRPARC Zillertal
Gewerbestraße 6,
6272 Kaltenbach
+43 681 84 66 36 15
info@air-parc.com
www.airparc.com

PlayIN Serfaus
Dorfbahnstraße 75,
6534 Serfaus
+43 5476 62 03
info@skiserfaus.at
www.serfaus-fiss-ladis.at

arl.park
Bahnhofstraße 1,
6580 St. Anton am Arlberg
+43 660 998 80 66
info@arlpark.at
www.arlpark.at

FLIP LAB Graz Center West
Weblinger Gürtel 25,
8054 Graz
+43 720 900 066
graz@fliplab.at
www.fliplab.at/graz-center-west

JUMP25
Waldweg 6,
8401 Kalsdorf bei Graz
+43 3135 531 71
anfrage@jump25.at
www.jump25.at

Jumpzone X
Badstubenweg 75,
9500 Villach
+43 650 521 08 62
office@jumpzonex.com
www.jumpzonex.com

SCHWEIZ

Jumpark
Rue Edouard Verdan 4,
1400 Yverdon-les-Bains
+41 (0) 24 446 15 15
www.jumpark.ch

UNIK Playground
Zentweg 11,
3006 Bern
+41 (0) 31 934 01 79
playground@unik-sports.com
www.unik-playground.ch

BounceLab – Trampolinhalle Belp BE
Flugplatzstrasse 2,
3123 Belp BE
+41 (0) 31 922 33 00
belp@bouncelab.ch
www.bouncelab.ch

BEO-Funpark
Auriedstrasse 28,
3178 Bösingen
+41 (0) 31 747 92 92
info@beo-funpark.ch
www.beo-funpark.ch

Jump Factory
Tramstrasse 66, Halle #29 Tor D.,
4142 Münchenstein
+41 (0) 61 413 74 83
info@jumpfactory.ch
www.jumpfactorybasel.ch

SWISS MEGA PARK – FUNPARK
Bächliackerstrasse 8,
4402 Frenkendorf
+41 (0) 78 888 62 58, +41 (0) 78 888 45 28
info@swissmegapark.ch
www.swissmegapark.ch

Jumping Dome Ortenau
Hauptstrasse 52,
4938 Rohrbach
+41 (0) 62 919 6000
info@jumpingdome.ch
www.jumpingdome.ch

Trampolinpark Aarau
Rohrerstrasse 102,
5000 Aarau
+41 (0) 62 823 58 33
info@trampolinparkaarau.ch
www.trampolinparkaarau.ch

FLIP LAB Zürich
Oberglatterstrasse 35,
8153 Rümlang
+41 (0) 44 817 78 00
info@fliplab.ch
www.fliplab.ch/zurich

SKILLS PARK
Lagerplatz 17,
8400 Winterthur
info@skillspark.cn
www.skillspark.ch

BounceLab – Trampolinhalle Ruti ZH
Joweid Zentrum 18,
8630 Rüti ZH
+41 (0) 55 260 33 00
rueti@bouncelab.ch
www.bouncelab.ch

Trampolinpark Rorschach
Industriestrasse 21,
9400 Rorschach
+41 (0) 71 845 55 00
info@faegnaescht.ch
www.trampolinpar<.ch

DANIEL SAGT DANKE!

Luftsprünge

Dieses Buch ist ein ganz besonderes Ereignis in meinem Leben. Es macht mich stolz, weil ich mein Wissen in dieser Form zwischen zwei Buchdeckeln vor allem an viele junge Menschen in Deutschland, Österreich und der Schweiz weitergeben kann, mit denen ich als Trainer gerade nicht zusammenarbeite. Trampolinspringen ist ein Megatrend, dennoch braucht vor allem die Sportart jede Aufmerksamkeit, um noch mehr Menschen – jung und jung geblieben – zu erreichen.

Die Leidenschaft für den Kick und die wunderbaren Augenblicke, in denen man in der Luft schwebt, faszinieren mich auch als erfolgreicher Trampoliner, der von klein auf auf dem Tuch steht, immer noch – jeden Tag. Dafür möchte ich mich herzlich bedanken. Ich denke ganz besonders an meinen Opa, der das Ganze Thema in unsere Familie gebracht hat und bis heute einer meinen größten Fans ist, an meinen Vater auch dafür, dass wir es als Team so weit nach oben geschafft haben, er mich motiviert und so einige Male sicher aufgefangen hat und natürlich an meine Mutter, die vor allem dann stets die richtigen Worte fand, wenn ich mit beiden Füßen im Leben gelandet bin. Mein Dank gilt auch meiner Freundin Toni, die viel Geduld aufbringen musste und so viel Verständnis gezeigt hat, wenn ich mit dem Sport weltweit unterwegs bin oder ich am Buch saß, statt gemeinsam Zeit mit ihr zu verbringen. Danke für alles und das, was noch kommt, denn ich habe noch vieles vor.

Ich möchte mich zudem sehr herzlich bei allen bedanken, die mir die Möglichkeit geboten haben, dieses Buch zu schreiben: bei Thilo Schmid, Carmen, Sebastian und dem gesamten Migo Verlag und Oetinger Team, das mittel- und unmittelbar involviert ist. Bei Boris von der Agentur wahnundsinnig, bei Katja und Claudia für die Grafik sowie bei den fantastischen Trampoliner*innen, die beim Shooting dabei waren. Junge Menschen wie ihr seid ein Grund, warum ich jung geblieben bin und nach so vielen Jahren immer noch Spaß beim Training habe!

Es sind eben wahnsinnig viele Menschen notwendig, bis so ein Buch im Regal steht.

Nochmals vielen Dank an alle – ich weiß euer Engagement sehr zu schätzen.

Euer Daniel Schmidt

Originalausgabe
© 2020 Verlag Friedrich Oetinger GmbH,
Max-Brauer-Allee 34, 22765 Hamburg
Migo im Verlag Friedrich Oetinger · Hamburg

© **Text:** Boris Udina
© **Text:** Daniel Schmidt
Layout, Satz, Illustrationen: Katja Muggli & Agentur wahnundsinnig

Fotomodelle/Springerinnen & Springer: Annalena und Antonia Quindel,
Philip Keller, Maurice Maywald, Melissa Ostrowski, Inken Sickmöller &
Fabian Singer

Druck und Bindung: Livonia Print SIA,
Ventspils iela 50, LV-1002 Riga, Lettland
Printed 2020

ISBN 978-3-96846-009-3
www.migo-verlag.de